AF367338

LA SONRISA DE MIKEL

ÁLVARO GONZÁLEZ DE ALEDO LINOS

LA SONRISA DE MIKEL

Dibupoemas de supervivencia

EXLIBRIC

ANTEQUERA 2013

LA SONRISA DE MIKEL
Álvaro González de Aledo Linos
Fotografía de la portada: Pablo González de Aledo Marugán
                    Joaquín González/FotoJulnay

Iª edición

Editado por: ExLibric
Avda. El Romeral, 2. Polígono Industrial de Antequera
29200 ANTEQUERA, Málaga
Teléfono: 952 70 60 04
Fax: 952 84 55 03
Correo electrónico: exlibric@exlibric.com
Internet: www.exlibric.com

ISBN: 978-84-18912-91-7

Nota de la editorial: ExLibric pertenece a Innovación y cualificación S. L.

ÁLVARO GONZÁLEZ DE ALEDO LINOS

LA SONRISA DE MIKEL

Dibupoemas de supervivencia

Índice

A todos los niños enfermos,
y a las personas que mueren jóvenes.
Si yo intento vivir intensamente
es por ellos.

A Ana, Pablo y Lucas
por acompañarme en el intento.

Prólogo

¿Por qué *La sonrisa de Mikel*? Desde joven he vivido consciente de la cercanía de la muerte, tal vez por mi profesión o por el fallecimiento de mi hermano Jesús a los 23 años. Y ser consciente de la precariedad de la existencia me ha hecho valorar y disfrutar cada momento de la vida, como si el día de hoy fuera el último. ¿Qué haría hoy si tuviera la certeza de morir mañana? Pero ese disfrute lo entiendo no solo en el placer egocéntrico e individualista, lectura que muchos hacen de la expresión *carpe diem*, sino incluyendo una interpretación amplia y generosa que abarque a todos los que nos rodean y ven la muerte más de cerca que nosotros. Desde 2003 organizo un grupo de vela solidaria en el que, combinando nuestra afición a la navegación a vela y nuestra profesión, unos médicos y capitanes de Santander dedicamos cuatro meses en verano a enseñar a navegar y a disfrutar del mar y de la naturaleza a niños enfermos del Hospital Valdecilla, de Santander, principalmente de oncología. La mayoría de los poemas de este libro están inspirados por esos pequeños sufridores. Desde tan pequeñitos viven bajo la sombra de la muerte, y por eso estos poemas contienen muchas referencias a ella con distintos nombres (siempre nombrada en femenino y con mayúscula) así como a términos médicos y náuticos que se resumen al final en un pequeño diccionario. Estando el libro en imprenta falleció Mikel a los 7 años. Su padre tomó una foto en la que se le veía, poco antes de morir y recién trasplantado, sonriendo a su hermano recién nacido en brazos de su madre, todo un canto a la vida por encima de la desgracia personal. A Mikel he querido dedicarle el título y el último de los poemas.

¿Por qué "dibupoemas"? Porque cada poema impreso va acompañado de una reproducción a mano, cuyas letras debidamente ordenadas o modificadas en tamaño dan lugar a un dibujo. Del primer vistazo solo aprecias el dibujo, pero al concentrar la vista compruebas que son las letras del poema las que configuran la silueta o la caricatura. No conozco que ningún otro poeta los escriba. Yo los considero como la tercera dimensión de la poesía, porque al escribir un dibupoema tienes que considerar la rima y el ritmo como siempre, pero además la estructura espacial de las frases y la búsqueda de las letras adecuadas para el dibujo. Se leen de izquierda a derecha y habitualmente siguiendo el sentido de las agujas del reloj. Cuando el texto se interrumpe lo hace con puntos suspensivos (dos o tres) debiendo continuar la lectura donde se repite ese número de puntos suspensivos.

Y ¿por qué "de supervivencia"? Porque en medio de tanta negrura hay que buscar un clavo ardiendo que te ate a la vida para no sucumbir a la depresión y la melancolía, que sería una rendición antes de tiempo a la oculta protagonista secundaria de estos poemas. Escribirlos y dibujarlos me ayuda, y espero que ayude a sus protagonistas principales y a los lectores, a seguir adelante por la vida contentos y siendo capaces de ser felices, aunque sepamos que irremisiblemente esto se acabará. La muerte es un fenómeno natural y tan azaroso como el nacimiento, y si dudas del más allá te queda el consuelo de que no puede ser peor que volver a la nada de donde procedemos y donde, evidentemente, no sufríamos.

Santander, septiembre de 2013.

A TODAS MIS MONTAÑAS

Una noche de insomnio me di una palmada en la frente
y comprendí que tenía que hacer un verso diferente,

con estrofas larguísimas como las cumbres de las cordilleras
que hay entre los pechos de una hermosa mujer y sus caderas,

y con un ritmo suave y cadencioso como el mar de fondo
que barre eternamente el Sur de nuestro jardín redondo.

Un verso ondulante a todas las montañas a las que he subido
y a las montañas de algunas mujeres con las que he dormido.

He subido a montañas peladas con bosques en la cumbre
y a colinas arboladas que tenían pelada la techumbre.

Frías montañas que no eran nada más que un montón de piedras,
o selvas montañosas de árboles estrangulados por líquenes y
yedras.

He subido a cumbres puntiagudas donde reina la nieve
y a rampas imperceptibles donde sólo, sólo y sólo llueve.

He caminado por laderas en sombra donde olía a heno,
donde la felicidad me hacía olvidar mi espíritu sarraceno,

y he navegado por colinas saladas, con barba de nazareno,
penetrando la noche con mi vela y un farol de queroseno.

En medio de algunas montañas encontré increíbles lagunas
y en mitad de las olas del mar mágicas lunas,

pero donde descubrí las cosas más maravillosas y eternas
fue entre los pechos de una hermosa mujer y entre sus piernas.

Y cuando al final tuve que elegir entre tantas maravillas...
tantas montañas, tanto mar, y la mujer que me aflojaba las rodillas...

fui listo y me quedé con las cercanas, las que refleja el mar de
mi bahía,
y con la mujer que alumbra la serena placidez del alma mía.

...LA SERENA PLACIDEZ DEL ALMA MÍA
E AFLOJABA LAS RODILLAS, FUI LISTO
Álvaro G. Aledo

ATENTO MALTÉS

"Atento Maltés, atento Maltés, para Amazona"
repetía la radio del barco con voz machacona.

Yo, que ya conocía ese saludo estrafalario,
sacaba la cabeza por el tambucho para ver a Mario.

Y allí estaba sonriente en su barco pequeño y azul marino,
ajeno a la crudeza de la geografía de su destino,

pendiente de la vela, del rumbo, la radio, la cacea,
de que no se fuera al agua uno de la patulea.

Solo ha pasado un año desde los hermosos días
en que navegábamos por los estuarios y por las bahías

con los barcos cargados de mochilas, de gafas submarinas,
y de niños marcados por los bisturíes y las medicinas.

Solo un año desde el último precioso veraneo,
el último que oyó el silbido de la jarcia, el guadralpeo

de una vela, el chocar contra el mástil de una driza
o el runrún de la olita que se forma detrás de una baliza.

Nada más que un año y se acabaron para él los galanteos,
las siestas, el farniente, los desembarcos, los fondeos,

los mensajes cruzados por la radio, el marisqueo...
todo lo que atesoro de aquellos tiempos de ajetreo.

Ya no vemos en Puerto Chico su motocicleta...
todo, todo se lo robó el último golpe de claqueta.

Y ahora si consigo disfrutar de nuevas correrías,
navegar en días radiantes o hacer nuevas travesías,

me acordaré de él en el rincón de la bahía santanderina
donde volcaron las cenizas de mi amigo de la hornacina.

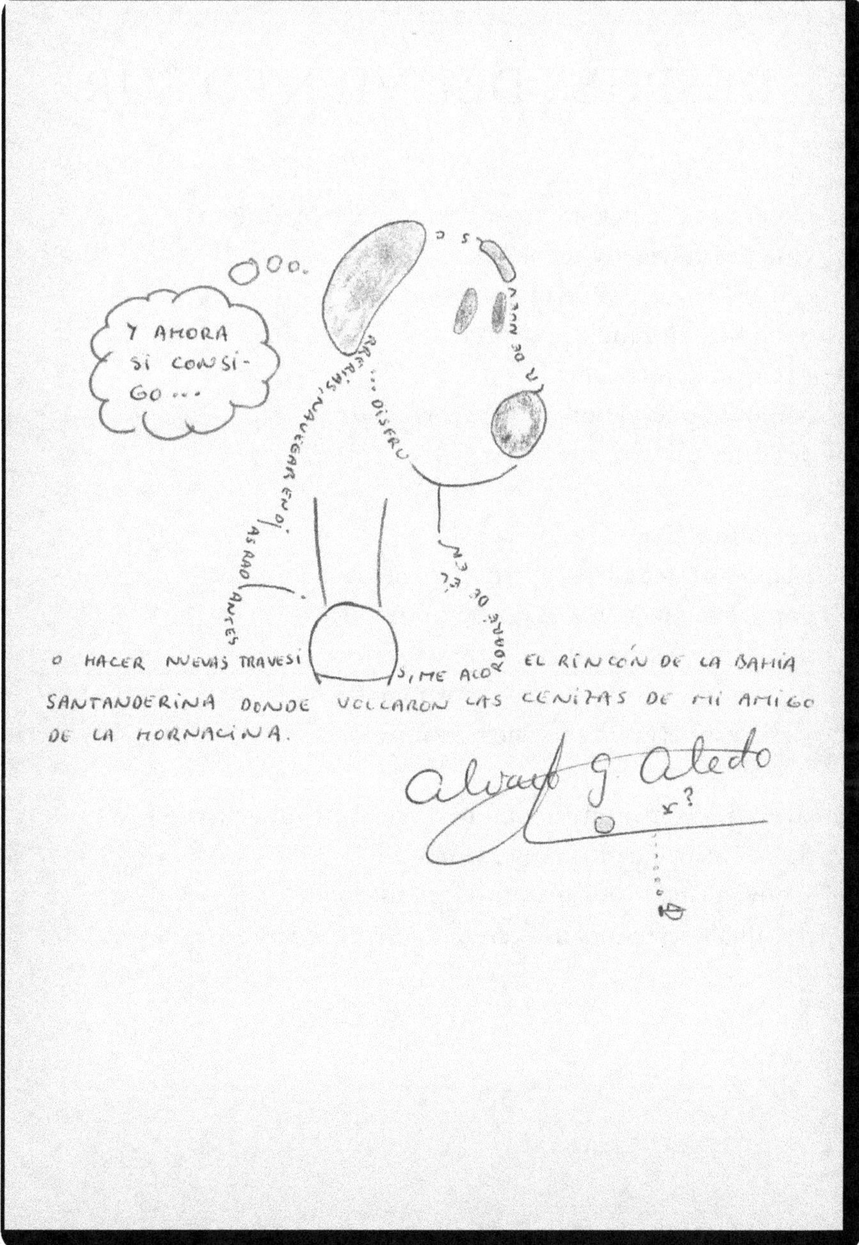

O HACER NUEVAS TRAVESI... SI ME ACORDARÉ EL RINCÓN DE LA BAHÍA SANTANDERINA DONDE VOLCARON LAS CENIZAS DE MI AMIGO DE LA HORNACINA.

Álvaro G. Aledo

DESPUÉS DEL VIENTO SUR

Después de haber sido ayer una adolescente impura,
violenta, traviesa y revoltosa,
la mar hoy parece una mujer madura,
tranquila, profunda, poderosa,
y duerme en la bahía
como después de una noche tormentosa
duermes tú, vida mía.

Es bonito vivir cerca de la bahía
cuando se tiene lejos a la mujer amada:
porque me recuerda la luz de su mirada,
su ondulada sensualidad, su preciosismo,
sus sentimientos, y hasta su pornografía…
y así la soledad no me duele lo mismo.

Ayer vi a la mar en la cumbre de su concupiscencia,
de su electricidad, de su erotismo,
y hoy aplanada por un santo quietismo,
por una sospechosa imagen de condescendencia.

La próxima vez que presuma
que la mar va a cruzar esa raya
que domestica sus olas nocturnas de espuma
me iré a dormir con ella cerca de la playa.

Y así me acordaré de mi compañera,
y de aquella noche de amor tan fiera.

ES BONITO VIVIR
CERCA DE LA BAHÍA
CUANDO SE TIENE
LEJOS A LA MUJER
AMADA: PORQUE
ME RECUERDA
LA LUZ DE SU MIRADA...

..ME DUELE LO MISMO,
AYER VI A LA MAR
EN LA CUMBRE
DE SU CONCUPIS-
CENCIA, DE SU
ELECTRICIDAD, DE
SU EROTISMO, Y HOY APLANADA POR UN
SANTO QUIETISMO, POR UNA SOSPECHOSA
IMAGEN DE CONDESCENDENCIA.

PRONTO SERÁS
EL PÍCARO RUBITO

Cuando el Nordeste levanta borreguitos
vuelvo a escuchar tus risas y tus gritos,
cuando el mar se despeina contra el cielo
veo tu imagen con fuerzas y con pelo,
y el viento y el mar me preguntan, Carlos,
cuando volverás a recuperarlos.

Pronto serás el pícaro rubito,
el simpático, el tierno, el desganado
que conocimos antes de la quimio:
renacerás del gordo y del calvito
como modela en un tronco abandonado
una silueta un escultor eximio.

Lleno de fuerza y de curiosidad
volverás a embarcar en mi velero,
para olvidarnos de la enfermedad
con las velas, el ancla y el bichero,
y contemplar de lejos la ciudad
donde duermen las gasas y el gotero.

Y volverás a preguntarme un nudo,
y volverás a cazar de las escotas,

y volverás a remar en la neumática,
cuando muy pronto el hombre testarudo
que patrulla por tus infancias rotas
vuelva a poner en fuga a la Antipática.

Y allí estaremos los del Corto Maltés
y los de algún otro velero
para darle los últimos puntapiés
en el trasero.

SERÁS EL PÍCARO RUBITO, EL SIMPÁTICO, EL TIERNO
CONOCIMOS ANTES DE LA QUIMIO: RENACE-
DEL GORDO Y DEL CALVI.
O MODEL EN UN TRONCO AB
SU ESCULTOR EXIMIO.
NOMADO UNA SILUET

CALLE VALDEFELICIDAD

Vivo en las afueras de Santander,
en el cuarenta y seis
de Valdefelicidad Permanentoja
(antes de mí, no sé si lo sabéis,
se la conocía por Valdenoja).

Vine solo, infeliz sin la mujer
que había puesto fin a mi congoja.

Unos años después, cuando al fin vino
con aquél pequeñísimo inquilino
-fijaos qué detalle-
fue cuando cambió el nombre de mi calle.

Hay allí una terraza impresionante
con el cielo y el mar omnipresentes,
y el poderoso viento de levante
de la ciudad en la que eché los dientes.

Fueron dos los pequeños navegantes
que al final disfrutaron de la infancia
en ese extraño puente de mercante,
con el runrún del mar en la distancia.

Ahora dejan atrás la adolescencia
y por la joven mujer que les encante
se marcharán dejándoles su ausencia
a la del titulín y al del sextante.

Y ahí seguirán oyendo las rompientes
de Mouro, que será su cenotafio,
y en verano a las gaviotas estridentes
aprendiéndose a gritos su epitafio.

ESTARÉ CUANDO CUMPLAS DIECISIETE…

Estaré cuando cumplas diecisiete;
yo seguiré en mi barco al ralentí
cuando no quieras ya ser mi grumete
para la vela, el ancla, el paipo-esquí…
y te hayas olvidado del sainete
en que te conocí.

Estaré cuando toda esta refriega
sea como un mal sueño que se fue,
y solo te recete algún colega
la crema y las toallitas del acné;
cuando olvides el suero, la enfermera,
el dolor que te hizo hombre tan temprano,
el brillo de tu calva cabellera…
y hasta cómo disfrutabas en verano
desde mi delfinera.

Estaré junto a ti
cuando en lugar de la ciclosporina,
la gasa, el algodón, el bisturí…
necesites el peine, la gomina,
la espuma de afeitar y la Gillette,
cuando en vez de en la ola y la neblina
prefieras navegar en Internet.

Y estaré a tu lado
cuando una muchacha sonriente
(quizás no sepa por lo que has pasado)
inesperadamente
te traiga todo lo que te han robado.

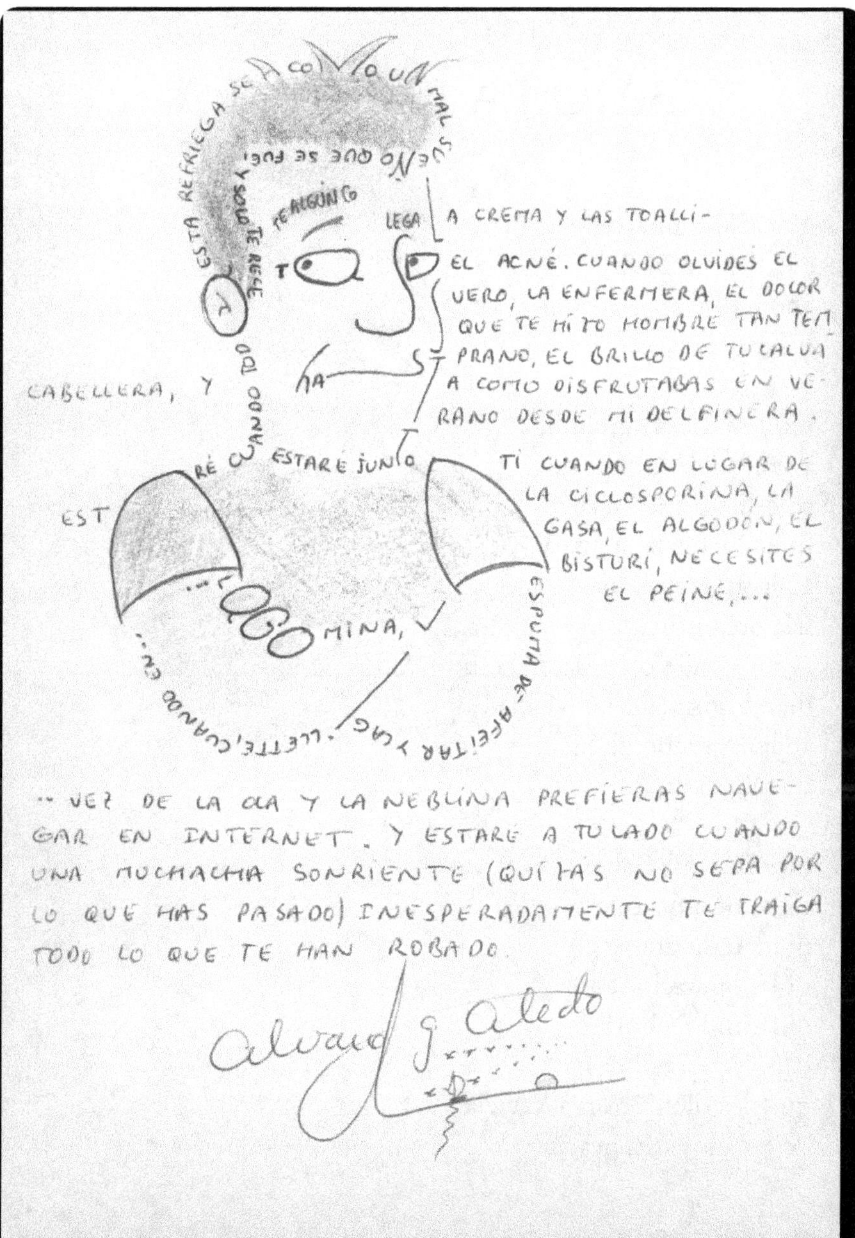

... VEZ DE LA OLA Y LA NEBLINA PREFIERAS NAVE-
GAR EN INTERNET. Y ESTARÉ A TU LADO CUANDO
UNA MUCHACHA SONRIENTE (QUIZÁS NO SEPA POR
LO QUE HAS PASADO) INESPERADAMENTE TE TRAIGA
TODO LO QUE TE HAN ROBADO.

Álvaro g. Aledo

BAJO LA BOTAVARA

Ya callaste una vez
a la Señora Flaca,
ahora disfruta de la vida, Sara,
hasta la resaca.

Con tu fuerza infantil,
y con tus musculitos,
tú callaste a la vieja
que te llamaba a gritos.
Callaste la llamada
fría del bisturí
(yo no pude callar la de la moto
de mi hermano en Madrid
aquella noche de hielo
que le perdí).

No fueron los sueros
ni las transfusiones,
ni las radiografías,
ni las operaciones,
ni las mil fechorías
bajo los edredones
quienes silenciaron a la vieja
de los ojos saltones.

Sé que la callaste tú,
la niña de los huesitos,
la luz tibia del pasillo
de los calvitos.

Tú pudiste una vez
con la Cariacontecida,
cuando se ensañaba contigo
impidiéndote la huida,
y saliste de sus fauces
como reverdecida.

Como preparada para vivir
a partir de ahora
sin volver a pensar
en la Señora,
concentrando una vida
en cada hora
como un río crecido
en una cantimplora.

Concentra en una tarde
de verano
el dolor superado
y el placer cotidiano,
contempla los colores del océano
desde algún altozano
y fluye con el río de la vida
si quieres, de mi mano.

Y ahora cada fiebre, cada medicación,
cada recuerdo de lo que te pasara,
cada sombra que quiera
amargar tu infancia clara,
cada mal pensamiento,
cada mal augurio, Sara,
puedes olvidarlo conmigo
si quieres, bajo la botavara.

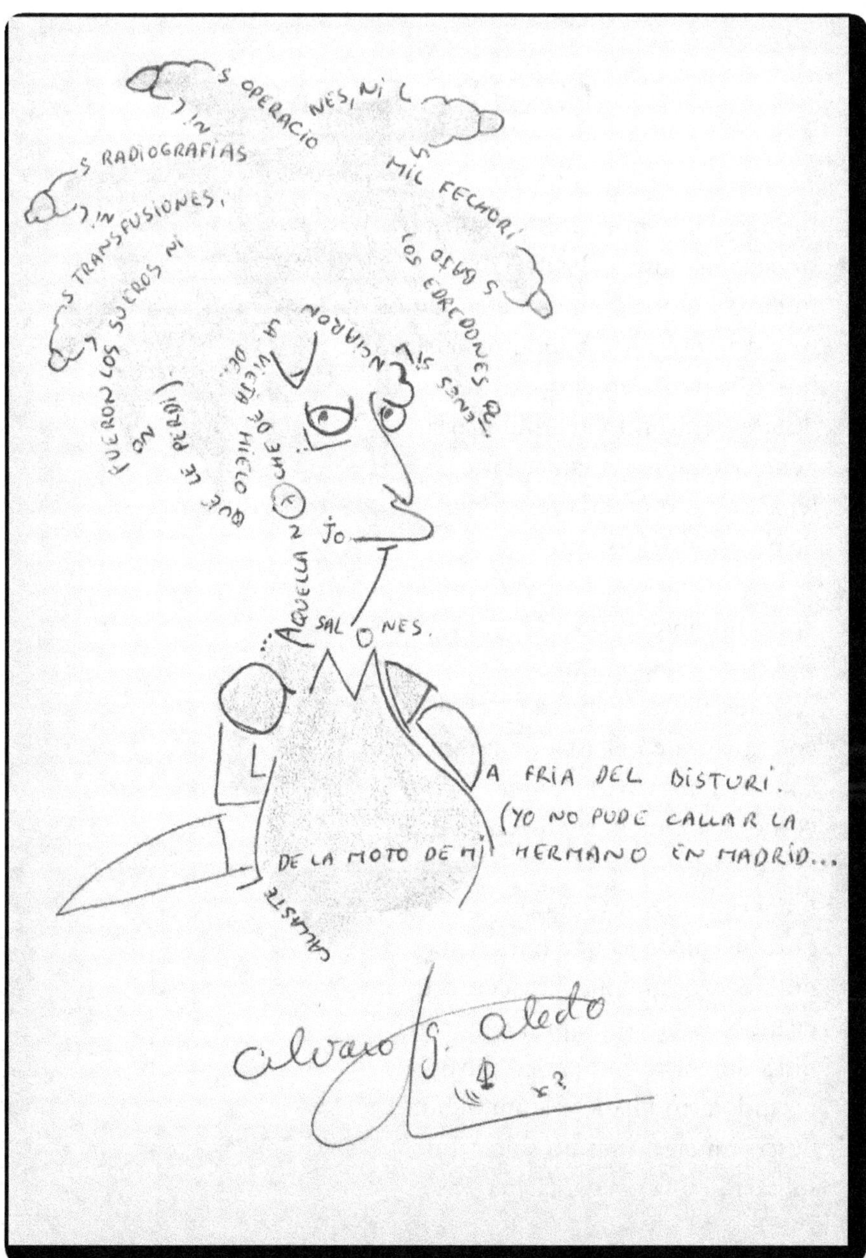
S OPERACIO NES, NI L
IN
S RADIOGRAFIAS
IN
S TRANSFUSIONES,
Y FUERON LOS SUEROS NI
(ON QUE LE PEDI)
DE HIELO
LA VIEJA
LA VICEN
ENCIARON
MIL FECHORI
LOS OLVID S
ENES S IS EDREDONES QUI
AQUELLA 2 CHE DE
JO
SAL ONES.
L
A FRIA DEL BISTURI.
(YO NO PUDE CALLAR LA
DE LA MOTO DE MI HERMANO EN MADRID...
CALLASTE
Alvaro G. Aledo

CARPE DIEM

No respondo por Alonso Quijano
ni busco la ínsula Barataria,
ni llevo un potro renco de la mano
ni visto con su dura indumentaria;
busco la patria en el oceano
donde siento mi vida millonaria,
generosa, de buen samaritano,
lejos de mi otra vida funcionaria
de después del verano.

Todo hombre es dos
y el más real es el otro.
Aunque no me parezca a aquél del potro
con la lanza en el aspa de un gigante,
a mi manera voy buscando un dios
como él a Dulcinea en Rocinante.

Igual que a Don Quijote
es la búsqueda lo que me fascina;
no creer lo que diga el sacerdote
cuando desde su púlpito adoctrina,
ni lo que diga un exótico gurú
rezando arrodillado a la indochina;
busco mi credo sin un solo tabú,
solitario en la ola cantarina.

Y si en la búsqueda voy con la retreta
de mis grumetes de la ciclosporina,
me acerco mucho a la verdad secreta,
absoluta, desnuda, femenina.

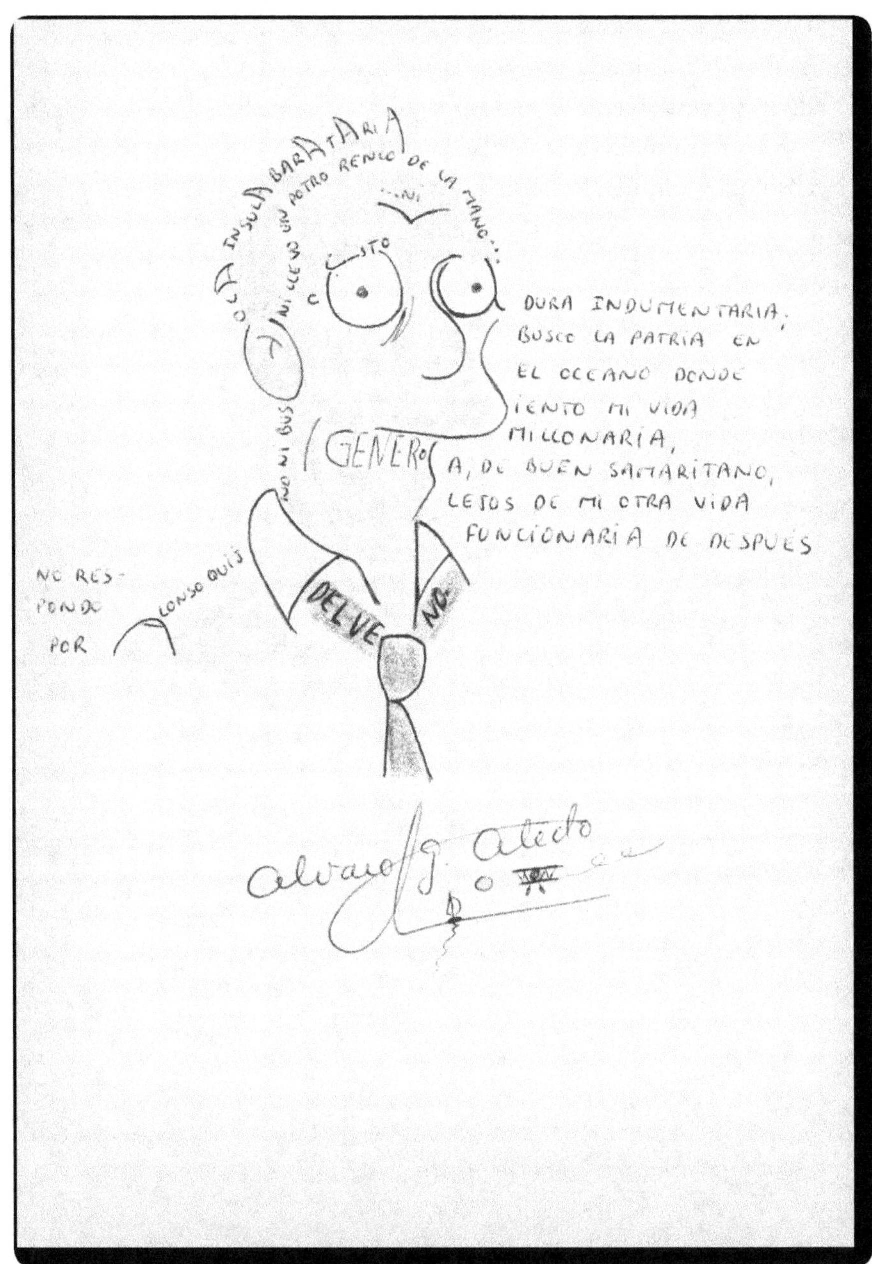
OCA INSULA BARATARIA
MI LLEVO UN POTRO RENGO DE LA MANO
DURA INDUMENTARIA,
BUSCO LA PATRIA EN
EL OCEANO DONDE
IENTO MI VIDA
MILLONARIA,
A, DE BUEN SAMARITANO,
LEJOS DE MI OTRA VIDA
FUNCIONARIA DE DESPUÉS
GENERO
DEL VE   NO
NO RES-
PONDE
POR
LONSO QUIS

TE REGALARÉ MOMENTOS

No te voy a regalar
Sara, albumes ni cuentos,
ni miniaturas nevadas
de famosos monumentos,
ni muñecas, ni vestidos,
ni refranes polvorientos,
ni historias optimistas
con felices argumentos,
ni contra tu enfermedad
maldiciones o escarmientos;
para hacerte yo feliz
te regalaré momentos.

Por cada radiografía,
y por cada transfusión,
una tarde de alegría
y una noche de dulce ensoñación
en la bahía;
y el arrullo de una ola
por cada noticia mala,
y un atardecer por cada
noche que lloraste sola.

Un viento que rola suave
por cada agresión del bisturí,

y por cada dolor que no impedí
el tacto tierno de un ave:
el de los polluelos de gaviotas
por los dolores de tus venas rotas.

Y el sonido desgarrado
del velero que traslucha
te lo regalaré, multiplicado,
por cada amanecer desesperado
en que el sol te sorprendió
insomne, airada y paliducha,
gritando otra vez que no
hacia la noche donde nadie escucha.

Y por todas aquellas inyecciones
que te robaban el calor y el pelo
bajo los edredones,
te daré una estela bajo el cielo;
y al frente de esa estela,
rotulando este mar que tanto quiero,
tú aprendiendo el trimado de la vela
de mi velero.

No, no te voy a regalar juguetes,
ni, siendo Navidad, un villancico,
ni fábulas, ni dimes ni diretes:
te regalo mi vida en Puerto Chico.

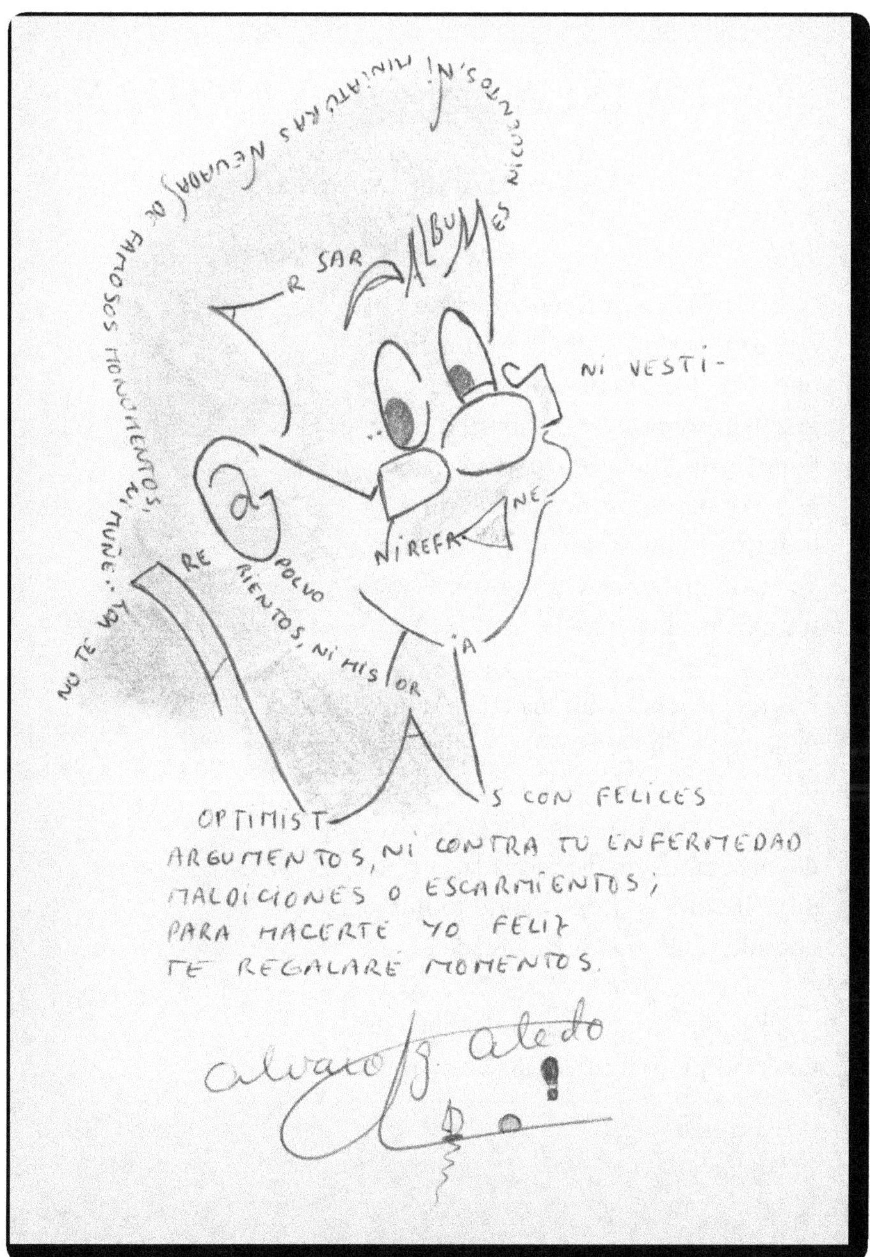

OPTIMIST
S CON FELICES
ARGUMENTOS, NI CONTRA TU ENFERMEDAD
MALDICIONES O ESCARMIENTOS;
PARA HACERTE YO FELIZ
TE REGALARÉ MOMENTOS.

EN LA ISLA EN QUE ANIDAN LAS GAVIOTAS

En la isla en que anidan las gaviotas
quiero tener mi humilde cenotafio,
que con el ruido de las olas rotas
graznen sus pollos mi anónimo epitafio,
y que cuando naveguen mis cenizas
por este mar de atmósfera plomiza
todos penséis en lo feliz que he sido,
y a nadie traicionen, por favor os pido,
sus ojos hechos trizas.

Quiero que sea un día feliz como cualquiera
de los que navegábamos con fuerte nordestada,
el pelo, las costillas, y la sangre salada:
porque si hay más allá disfrutaré en la espera
de vuestra inevitable recalada,
pero, palabra de honor, si no lo hubiera
considero mi vida bien gastada.

En la isla en que anidan las gaviotas
enterrad junto a mí las ilusiones rotas.

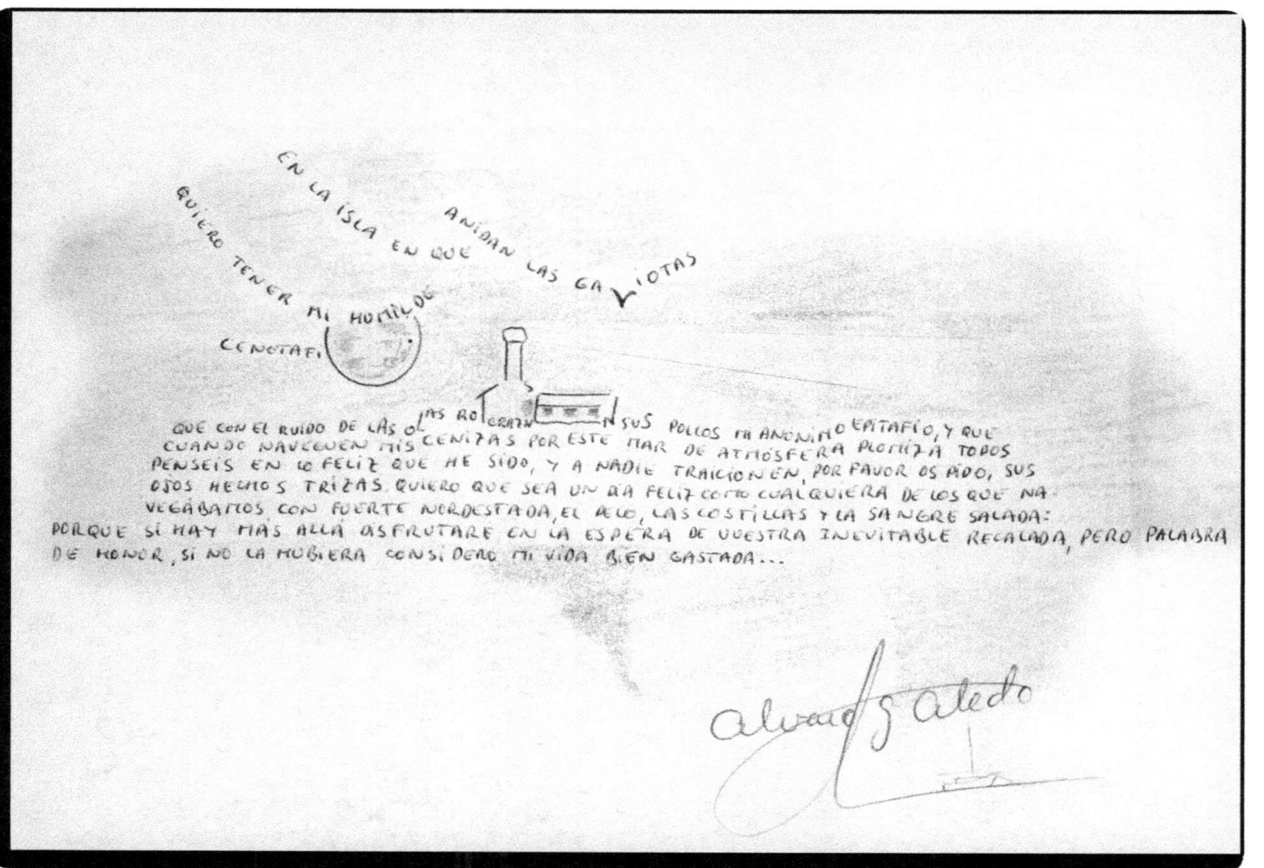
EN LA ISLA EN QUE ANIDAN LAS GAVIOTAS
QUIERO TENER MI HUMILDE CENOTAFIO
QUE CON EL RUIDO DE LAS OLAS ROGRATEN SUS POLLOS MI ANÓNIMO EPITAFIO, Y QUE
CUANDO NAVEGUEN MIS CENIZAS POR ESTE MAR DE ATMÓSFERA PLOMIZA TODOS
PENSÉIS EN LO FELIZ QUE HE SIDO, Y A NADIE TRAICIONEN, POR FAVOR OS PIDO, SUS
OJOS HECHOS TRIZAS. QUIERO QUE SEA UN DÍA FELIZ COMO CUALQUIERA DE LOS QUE NA-
VEGÁBAMOS CON FUERTE NORDESTADA, EL PELO, LAS COSTILLAS Y LA SANGRE SALADA:
PORQUE SI HAY MÁS ALLÁ DISFRUTARÉ EN LA ESPERA DE VUESTRA INEVITABLE RECALADA, PERO PALABRA
DE HONOR, SI NO LA HUBIERA CONSIDERO MI VIDA BIEN GASTADA...
Alvaro G Aledo

SE HUNDIÓ GUILLERMO

Al duro marinero de la larga patilla
(sí, ese que conoces con la oreja anillada)
le he visto esta mañana lágrimas de chiquilla
al cruzarle tu sombra con La Malparada.

Ibais los dos despacio con el paso arrastrado
al país donde nunca llega bien el correo,
y en la casita blanca cerca de mi fondeo
tú la hiciste parar sobre el suelo mojado.

Y fuiste a la ventana que se abre a la rampa,
esa que los Prácticos dejan entreabierta,
para mirar la foto de la fina estampa
de mi dársena gris, descabalada y yerta.

Descabalada y yerta ya veo a mi bahía
porque ahora siempre esa foto panorámica
va a traerme a las sienes tu hipermetropía
en lugar de su ola tendida y balsámica.

Sí, es esa la foto que tu bisabuelo
tomó en el mes de agosto del veintiocho,
de la que te he escrito cuando duermevelo,
o en las dibucartas de cuando trasnocho.

No pudiste ir a verla desde el hospital,
ni esa concesión te hizo la leucemia.
Cuando en su mar navegue debajo del tergal
temo ser el comandante de la blasfemia.

Y ahora lo de siempre: los llantos, los misales...
y yo fuera de todo, solo por la canal,
imaginándome a esa de medias de cristal
que hubiéramos invitado a los arenales,
al paipo esquí, a los fuegos artificiales,
cuando dentro de unos años (o eso esperaba)
cumplieras tu primavera decimoctava.

Pero no pudo ser, ya todo se ha acabado.
Añado este dolor a mis dolores viejos
hasta que de mi barco, frente a Mouro aboyado,
tiréis mis cenizas al patio de los cangrejos.
Y hasta la eternidad, ya sí, desde ese día
Guillermo y yo en el gris de esa fotografía.

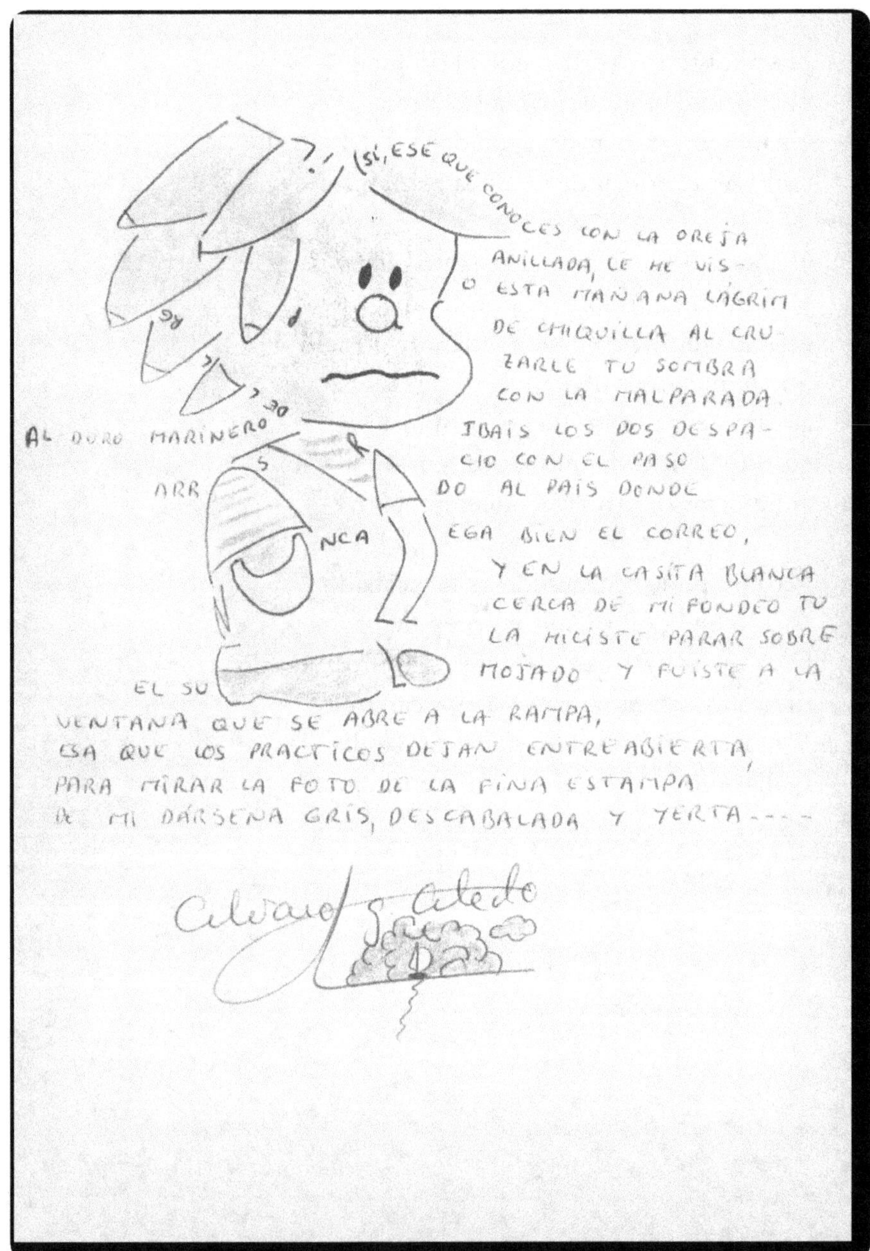
(SÍ, ESE QUE CONOCES CON LA OREJA
ANILLADA, LE HE VIS-
O ESTA MAÑANA LÁGRIM
DE CHIQUILLA AL CRU-
ZARLE TU SOMBRA
CON LA MALPARADA.
IBAIS LOS DOS DESPA-
CIO CON EL PASO
DO AL PAIS DONDE
EGA BIEN EL CORREO,
Y EN LA CASITA BLANCA
CERCA DE MI FONDEO TU
LA HICISTE PARAR SOBRE
MOJADO Y FUISTE A LA
AL DURO MARINERO
ARR
S
R
NCA
EL SU
VENTANA QUE SE ABRE A LA RAMPA,
ESA QUE LOS PRACTICOS DEJAN ENTREABIERTA,
PARA MIRAR LA FOTO DE LA FINA ESTAMPA
DE MI DÁRSENA GRIS, DESCABALADA Y YERTA----

ME GUSTA CUANDO RÍE...

Me gusta cuando ríe...
tiene una sonrisa relajada
para que me confíe
después de una trastada.
Pero no suele reír
a carcajadas;
tiene una risa triste
como si aún estuviera preocupada
por poder tropezar en un despiste
con La Malparada.

¡Cómo me gustaría verla crecer
más confiada!.
En esta juvenil y despiadada
edad de merecer
me gustaría verla defender
ideas altruistas y elevadas,
y pronto, de mujer,
verla libre, feliz y enamorada.

Y por encima de todo, día a día,
cálida y cercana la querría ver,
disfrutando de las cosas pequeñas:
tonterías que sueñas,
ilusiones que con pena despedía

antes de aparecer
donde la calva greñas,
y donde las estrías
ese cutis de tres avemarías.

Y en mi último cumpleaños,
cuando venga a por mí La Lastimera
como vino a por ella hace unos años,
quisiera oír sus carcajadas tiernas,
y que se apaguen mis ojos en sus piernas
deportistas y minifalderas.

PARECER DONDE LA CALMA GANARÁ, Y DONDE LAS ESPI
TONTERÍAS QUE SUEÑ
COMO INO A POR ELLA
AÑOS, QUISIERA OIR SUS CARCAJADAS TIERNAS Y QUE SE APAGUEN MIS OJOS EN SUS PIERNAS DEPORTISTAS Y MINIFALDERAS
Álvaro G. Aledo

QUÉ BUENO ...

...Si de mayor no eres la muñeca
del merengue, la salsa, el *rock and roll,*
que va de discoteca en discoteca,
de garito en garito, en *music-hall,*
aclarando la garganta reseca
con alcohol.

...Si luego no te impide la jaqueca
que disfrutes con alguien de la mano
del viento del nordeste, el que desfleca
la reluciente piel del oceano,
como cuando saldamos tu hipoteca
con La Parca, en mi barco, aquel verano.

...Si no eres la diosa del Prozac,
del punto com, de las videoconsolas,
de las combinaciones con coñac...
y te acuerdas del barco, de las olas,
las tablas de mareas y el kayac
al ver tu colección de caracolas.

Y qué bueno si te acuerdas de mí,
de los bonitos momentos que te di.

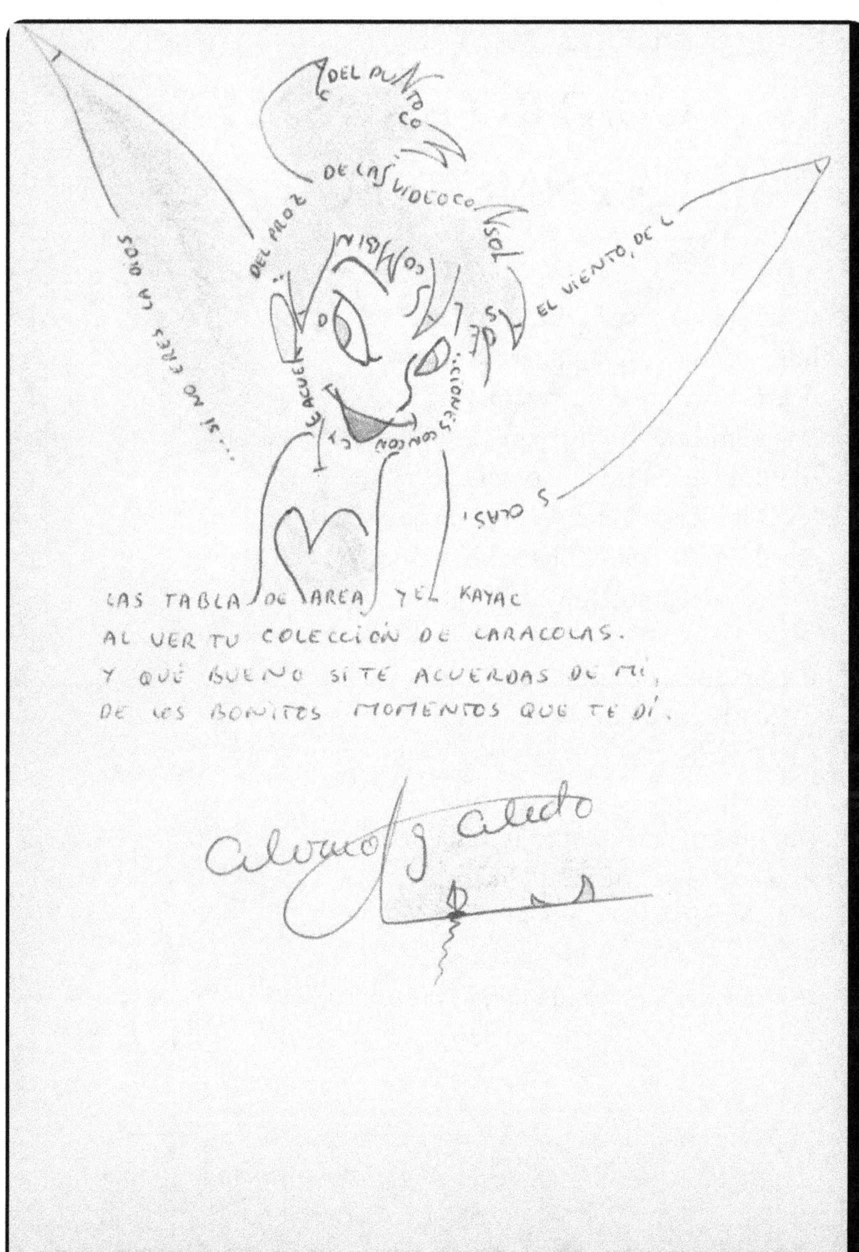
DEL PUNTO
CO
DE LAS VIDEOCO
SOL
DEL PROE
EL VIENTO, DE C
SODO LA ERES NO IS...
CIONES
ICCUERO
CON CON
S OLAS!
LAS TABLA DE AREA Y EL KAYAC
AL VER TU COLECCIÓN DE CARACOLAS.
Y QUÉ BUENO SI TE ACUERDAS DE MÍ,
DE LOS BONITOS MOMENTOS QUE TE DI.

CUATRO AÑOS Y YA
LA ENNEGRECIDA…

Cuatro años y ya La Ennegrecida
libró contigo un desigual combate
del que tuvo que huir despavorida,
arrepentida de su disparate;
quiso robarte los Papá Noeles,
los Ratoncitos Pérez… la abusona,
creyó luchar con el Llorica Manteles
pero se atragantó con su intentona.

Cuatro años, no habías aprendido
a decir tus primeros balbuceos
y adelantabas en el recorrido
de la vida a agnósticos y ateos.
¿En qué creerás cuando te restablezcas
si ya sentiste entre los pulpejos
el tacto frío y desconocido
de la capa de la de los Pellejos?
¿En qué vas a creer tú cuando crezcas?

Espero que algún día,
¡ojala quede lejos!,
al final de mi vida, compañero,
aún estés a mi lado en la bahía
aprendiendo a trimar el aparejo
de mi humilde velero,
a utilizar el ancla y el bichero,
a recoger quisquillas y cangrejos
desde el embarcadero,
a dejar a una chica boquiabierta
al resistir bajo tu chubasquero
cuando barre con fuerza la cubierta
un aguacero,
a dar amor y honestidad a espuertas,
a no temer a la Señora yerta...
y a ser feliz pese a la muerte cierta.

Si al irme yo tú creyeras en eso
moriría tranquilo, lo confieso.

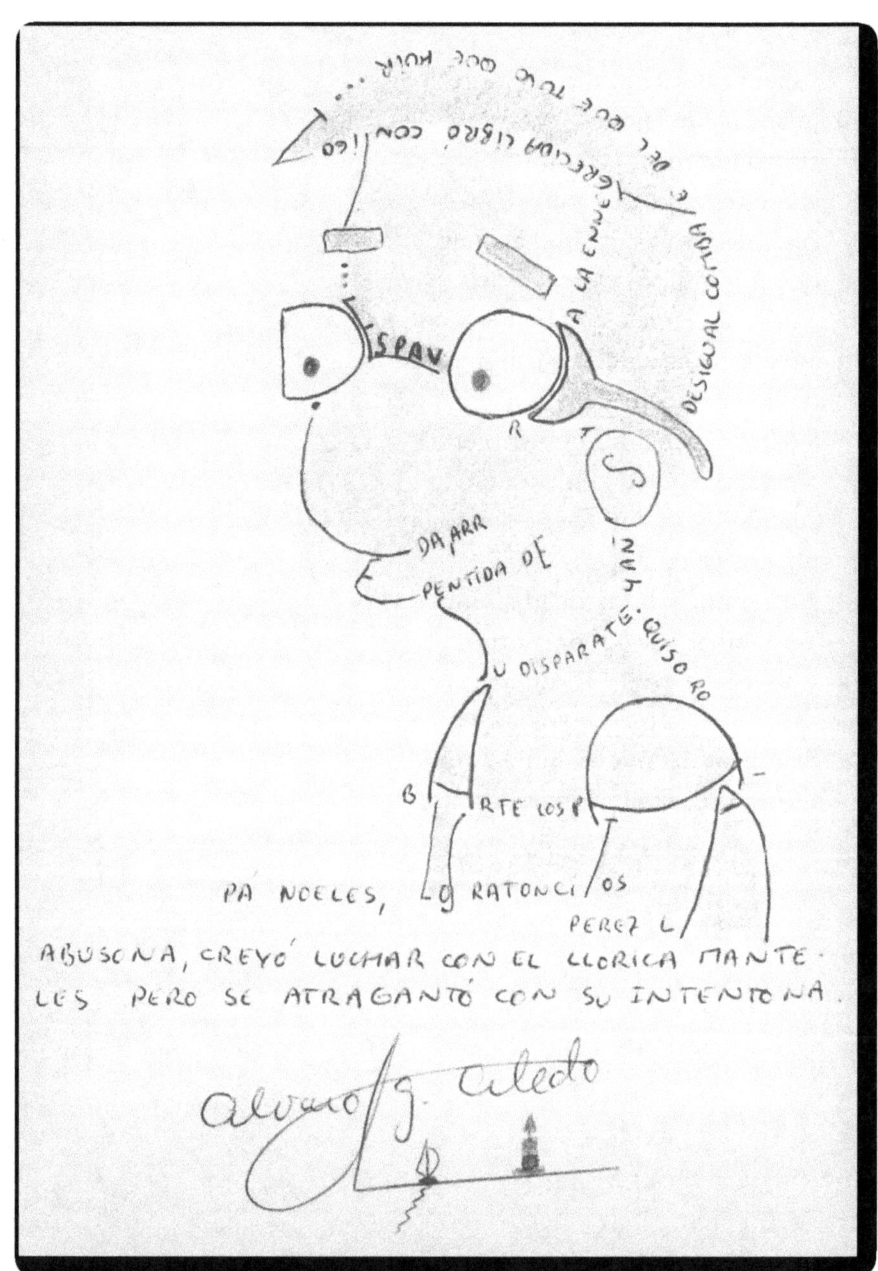
PA NOELES, LO RATONCITOS PEREZ L
ABUSONA, CREYÓ LUCHAR CON EL LLORICA MANTE-
LES PERO SE ATRAGANTÓ CON SU INTENTONA.

TE CONOCÍ CASI SIN PELO

Te conocí casi sin pelo, pálida,
con la mirada triste, y en los huesos,
bajo la capa negra de La Escuálida.
Todas tus esperanzas en el barro.
Hoy te veo feliz lanzando besos
cuando, contigo a bordo, desamarro.

Cuánto sufrí después de verte inválida
rodeada de sueros e inyecciones,
digiriendo dentro de tu crisálida
tantas malas noticias y sermones.
Hoy disfruto de tu mirada cálida
y tus risas en mis navegaciones.

¿Y mañana? Tal vez ya no te acuerdes
de los atardeceres del verano,
llevando a Puerto Chico dulcemente
una estela de olitas blancas, verdes,
tu mano en el timón bajo mi mano,
y al reflejo del sol fosforescente,
y a mi barco, y a mí, no nos recuerdes.

No te importe, será lo más hermoso
que me espero de ti:
convertirme en un recuerdo borroso
con el velero, la Zodiac y el spi,
con aquellos ingresos calamitosos,
con el gotero y con el bisturí.

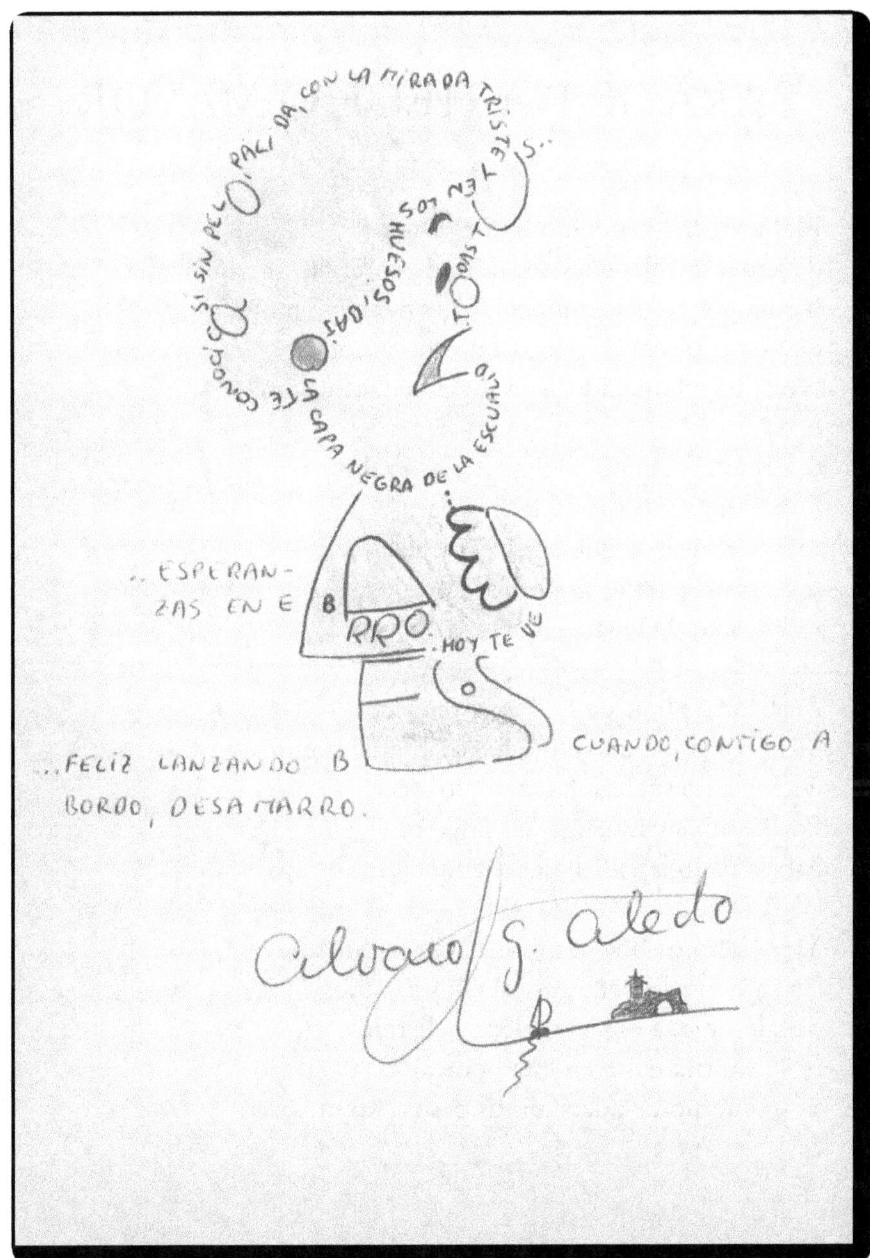
PALI DA, CON LA MIRADA TRISTE Y E...
CONOCI SI SIN PE
EN LOS
HUESOS, QAI
TOMST
LA CAPA NEGRA DE LA ESCUADRILLA
.. ESPERAN-
ZAS EN E
B
RRO.
.HOY TE VE
O
..FELIZ LANZANDO B
CUANDO, CONTIGO A
BORDO, DESAMARRO.
Alvaro G. Aledo

SARA SE HA HECHO MAYOR

El desencefalopatoespongiformizador
de aquél trabalenguas tan duro de aprender
me ha preguntado anoche por la hermosa mujer
que en la pista de hielo saludé con amor.
No la ha reconocido, Sara se ha hecho mayor.

Cuando él la conoció Sara era todo flor,
todo pelo rizado, todo rodilla flaca,
todo esa cicatriz que en su frente destaca,
todo sonrisa triste, gesto interrogador,
todo ganas de vida, de vuelo, de alharaca.

Acababa de huir de La Hipocondriaca.
Sí, lo había logrado aunque, palabra de honor,
esa vieja no suele soltar a quien ataca.
Por esa niña triste, hija del sinsabor,
habría dado la vida hasta el apuntador.

Y esa heroína hoy cumple sus dieciocho años.
Yo ya no reconozco sus cabellos castaños
debajo de esta espesa melena pelirroja,
ni su sonrisa triste en esta boca roja,
ni su cuerpo de atleta, ni sus besos extraños.

Pero hay algo en el fondo de su mirada clara
que recuerda a la niña del globo en la terraza,
del pelo ralo y negro, no de calabaza,
de los años que tuvo a la suerte de cara
y a mí me tuvo cerca, bajo la botavara.

Hay algo en su sonrisa tímida y serena,
algo en su forma de estar, lánguida y distante,
algo en el vuelo de las olas de su melena,
algo en un gesto suyo que vive un solo instante,
que me trae a la niña valiente y navegante
antes que la mujer hermosa salga a escena.

Y yo me agarro a esas imágenes de antes
cuando beso a la guapa e intrépida sirena.

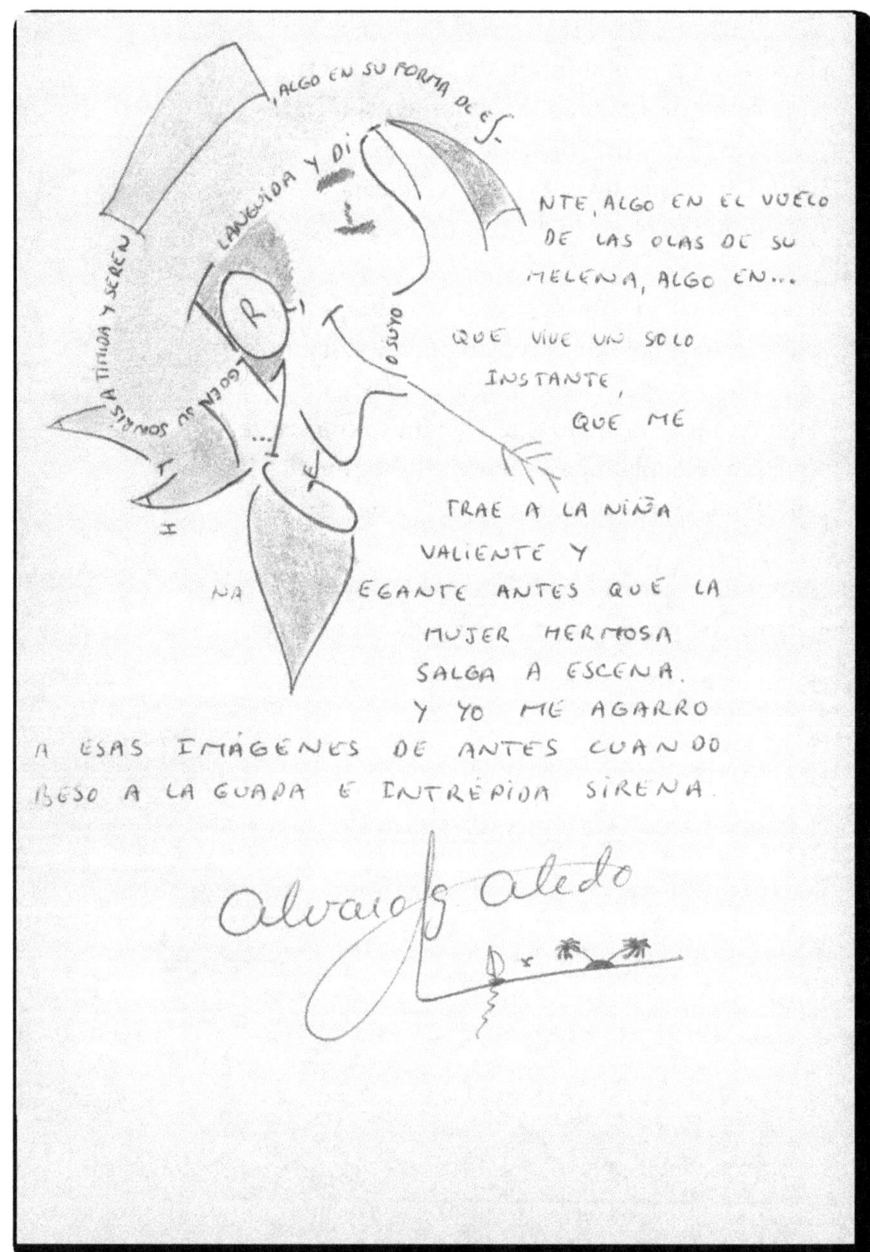
ALGO EN SU FORMA DE ES-
LANGUIDA Y DI
A TIMIDA Y SEREN
GO EN SU SONRIS
O SUYO
R
NTE, ALGO EN EL VUELO
DE LAS OLAS DE SU
MELENA, ALGO EN...
QUE VIVE UN SOLO
INSTANTE,
QUE ME
TRAE A LA NIÑA
VALIENTE Y
NA EGANTE ANTES QUE LA
MUJER HERMOSA
SALGA A ESCENA.
Y YO ME AGARRO
A ESAS IMÁGENES DE ANTES CUANDO
BESO A LA GUAPA E INTRÉPIDA SIRENA.

22 DE FEBRERO DE 1976

22 de febrero
de 1976,
el año de la pana
y los jerseys;
el de la Vespa
amarilla;
en el que descubrí
tu cuerpo de chiquilla
bajo el techo inclinado
de la buhardilla;
en España empezaba
la libertad,
y en nuestra pequeña historia
la felicidad.

22 de febrero
de 1976,
no éramos
los que ahora veis.
Éramos más jóvenes,
más inexpertos,
con muchos fallos
y algunos aciertos,
sin pesarnos, como ahora,
nuestros muertos,

pero igual de vitales,
curiosos y abiertos.

22 de febrero
de 1976,
un año dulce,
de color beige;
de las obras del Metro
al desempleo;
la pobreza buscada,
el besuqueo,
y el amor tiernísimo
en un paseo,
o en la cama sin riendas
al deseo.

22 de febrero
con 15 años menos,
los 15 más maduros,
los 15 más buenos.

Año lejanísimo
del que tanto he escrito,
mi año más afortunado:
mi favorito.

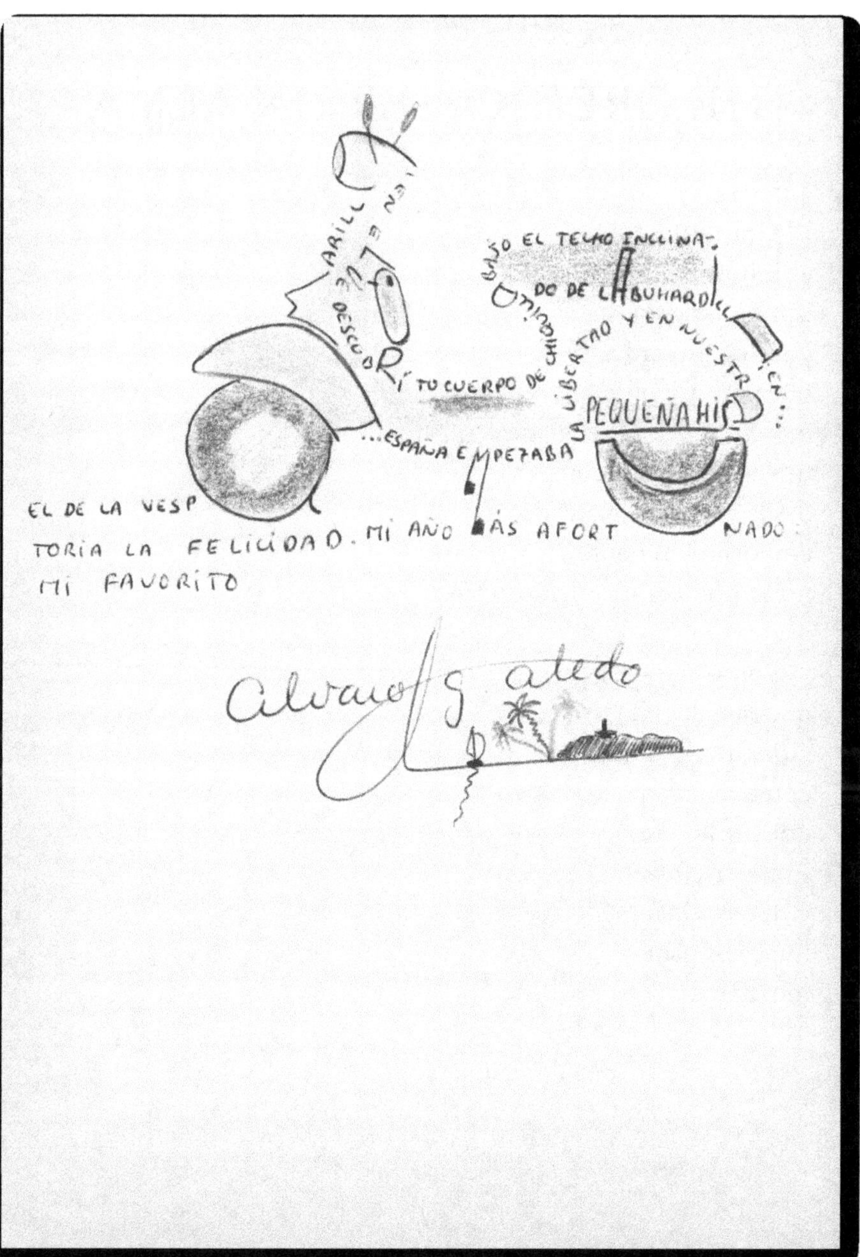
BAJO EL TECHO INCLINA-
DO DE LA BUHARDILL...
Y EN NUESTR...
PEQUEÑA HIS...
...ESPAÑA EMPEZABA
EL DE LA VESP
TORIA LA FELICIDAD. MI AÑO MÁS AFORT   NADO.
MI FAVORITO

HE CREÍDO VER UN ALMA

El Gran Ausente,
el Innombrado,
camisa de rayas
y jersey prestado,
nuez prominente,
ojo enramado,
me mira calmamente
desde el marco plateado
como si de repente
no se hubiera marchado.

   Como si me dijera
que me alegrara
y que no le mirara
con esta cara,
que no llorara
su muerte clara,
y que la vida
nunca se para
me dijera.

Como que sin prisa
pasara el rato
desde la repisa
de su retrato,
y sintiera la brisa
que por azar
trae hasta su cornisa
el olor del mar.

Como si de repente
no se hubiera ido
con La Impertinente...
me ha sonreído.

Y he creído ver un alma,
algo dulce a través de su mirada calma.

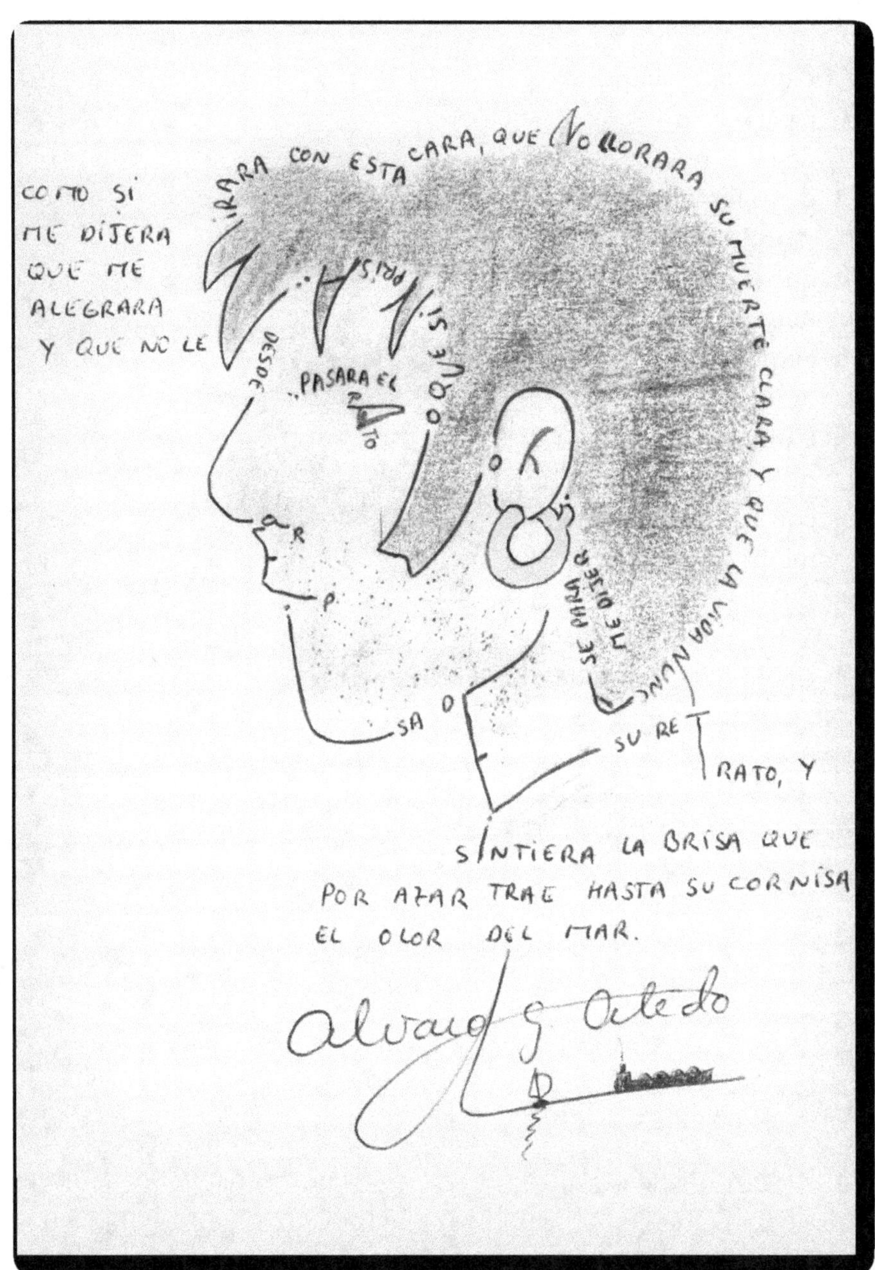

COMO SI ME DIJERA QUE ME ALEGRARA Y QUE NO LE
...RARA CON ESTA CARA, QUE NO LLORARA SU MUERTE CLARA Y QUE LA VIDA NUNC...
DESDE
PASARA EL RATO
LO QUE SI PASO
OR
P
SA O
SE PARA ME DIJER
SU RE TRATO, Y
SINTIERA LA BRISA QUE POR AZAR TRAE HASTA SU CORNISA EL OLOR DEL MAR.
Alvaro g aledo

CUMPLIRÍAS 25

Cumplirías veinticinco
años, con tan mala estrella,
que amando tanto la Tierra
los cumplirás bajo ella.

Tengo la casa
revuelta,
el jardín, la terraza,
la valla suelta,
y una ilusión en el aire
por la chica esbelta,
coqueta, sensual
y desenvuelta,
que me besa en la cama
y se da la vuelta.

Tengo un hijo
responsable y fuerte
que aprendió a jugar contigo
y a quererte,
y otro más pequeño,
con menos suerte,
porque casi no pudo
conocerte.
En las travesuras de los dos
creo verte.

Poseo un universo
de fantasía:
en una coctelera
mis nubes, mi bahía,
mi montaña, mis hijos,
mi piragua, mi ría,
y la tierna colección
de lencería
que en invierno calienta
mi cama fría.

¡Pues tantas de estas cosas
cambiaría
por tenerte con nosotros
todavía,
por veinticinco velas
en tu compañía!.

¡Veinticinco años!. Me desespera
tanta juventud en una carretera.

JARDIN, LA TERRAZA, LA VALL
Y UNA ILUSIÓN EN EL
REVUELTA, EL
SUEL
QUE
TENGO LA CAS
COQUETA, SENSUAL Y DESEN..

BESA EN LA CAMA Y SE DA LA VUELTA.

DEBIÓ ACERCÁRSELE
LA PARCA...

Debió
acercársele La Parca mientras yo,
en los alrededores de Fermoselle,
era feliz con la gente que quería,
y debió llevársele al volver al muelle
de donde, al mediodía,
zarpáramos ajenos a lo que sucedía.
 Ojalá fuera fácil,
haciendo cosas horribles a La Arpía,
evitar lo que mañana pasará:
todo el llanto, todo el sufrimiento,
todo el dolor que ya sentí y hoy siento...
¡Ojalá!.

Ojalá se pudiera
arrancar del abrazo de La Carcelera
a quien injustamente se llevó,
y cumplir lo que el pecho vocifera
desde que esta mañana, en la carretera,
al saber la noticia reventó.

Ojalá existiera un prestidigitador
que por el arco iris de la mar más bella,
el mejor sentimiento, el más dulce amor,
la mejor melodía, la mejor estrella,
o la mejor minifalda
en la mejor cadera...
incorporase su inocente dolor
al que otros ya soportamos en la espalda.
¡Ojalá existiera!

Porque si así fuera
tendríamos algo inalcanzable que intentar:
capturar el arco iris desde el mar,
construir una historia de amor dulce e incauta,
componer un concierto de acordeón y flauta,
conquistar esa estrella
o a la chica de la falda corta...
cualquiera de esas utopías, no importa;
y luego cambiarla por la hora aquella:
la maldita, la zafia, la que no se soporta,
la del gotero y la de la botella.

La que puso fin a una vida breve
el once de octubre de mil novecientos noventa y nueve.

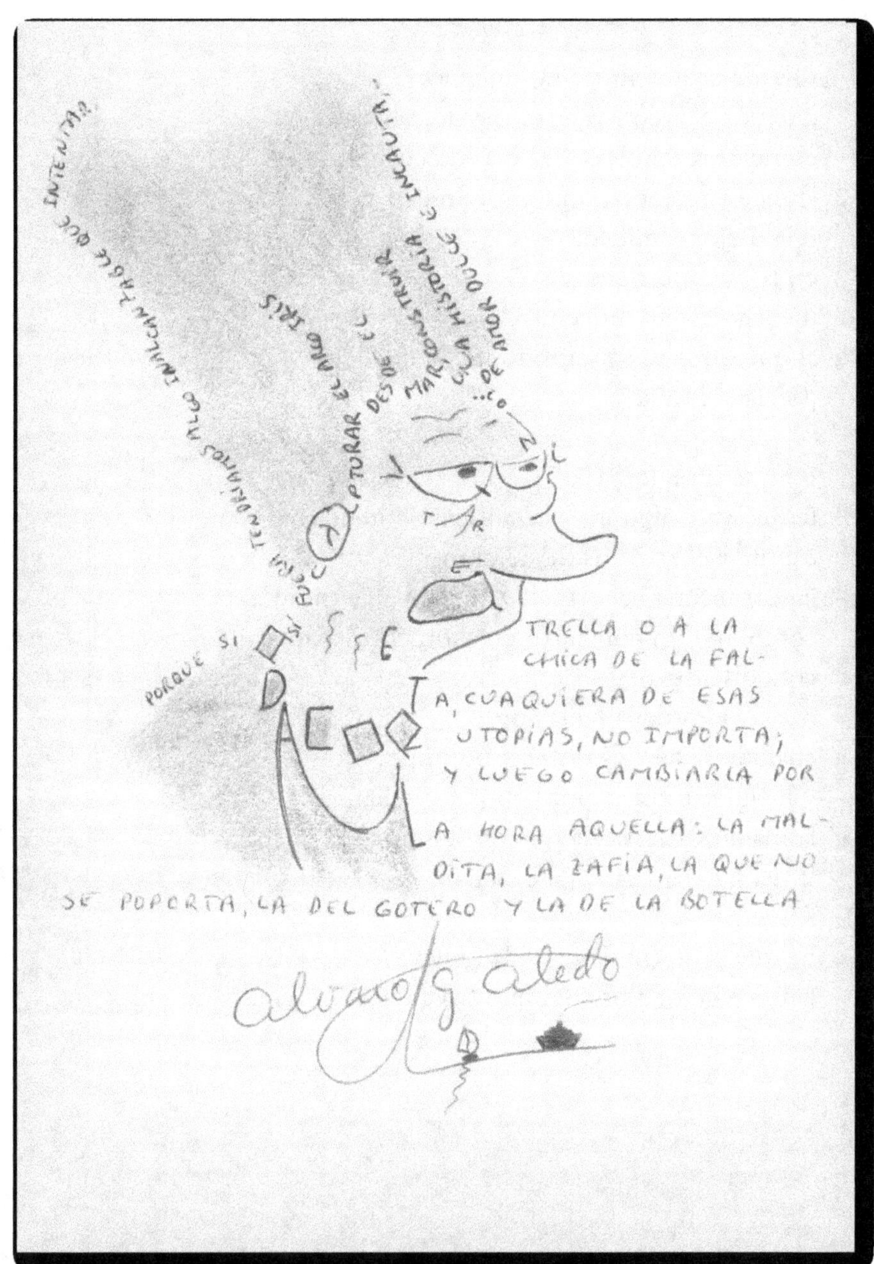
TRELLA O A LA
CHICA DE LA FAL-
TA, CUAQUIERA DE ESAS
UTOPÍAS, NO IMPORTA;
Y LUEGO CAMBIARLA POR
LA HORA AQUELLA: LA MAL-
DITA, LA ZAFIA, LA QUE NO
SE SOPORTA, LA DEL GOTERO Y LA DE LA BOTELLA

LLORAR ESCAPULARIOS

¿Sabéis lo que es llorar
escapularios?
Cuando me duelen los ojos
en sus aniversarios,
lo blanco se me hace negro,
lo alegre, serio,
la espuma blanca del mar
tierra de cementerio,
y veo en el espejo un esqueleto
flaco, un cráneo hueco,
y detrás de las gafas
un ojo seco.

Dos chicos
adolescentes,
extraordinarios,
valientes,
me aparecen
de repente
por debajo
de la frente:
son mi hermano Jesús,
el que se fue
una noche de hielo
en que todo patina

(hasta la fe),
y Jorge, el que no salvé,
el héroe de la ciclosporina.

Uno viene desde curvas
congeladas
que se cobran su peaje
todas las madrugadas,
y otro desde las camas
de satánicas almohadas
y gomas con infusiones
coloradas.

No temo al hoyo
funerario
con mi nombre en la losa,
oscuro, solitario,
ni al vuelo de mis cenizas,
ni al osario,
ni a una esquela vulgar
en el diario,
ni temo
al escenario.
No me quitará el sueño
el fin de mi itinerario.

Pero hay algo que siempre llevaré
debajo de las sienes:
el fin del que rodó por los arcenes,
y el del que se quejó del peroné
y en dos años de luchas y vaivenes
se nos fue.

Quiero para mí
la gasa, el algodón,
el bisturí,
la angustia, la transfusión,
la curva
congelada
bajo la noche
estrellada,
y que no me haga pensar,
me descerebre,
una prolongada fiebre...
y a cambio rescatarles con un beso
de donde ya no es posible, lo confieso.

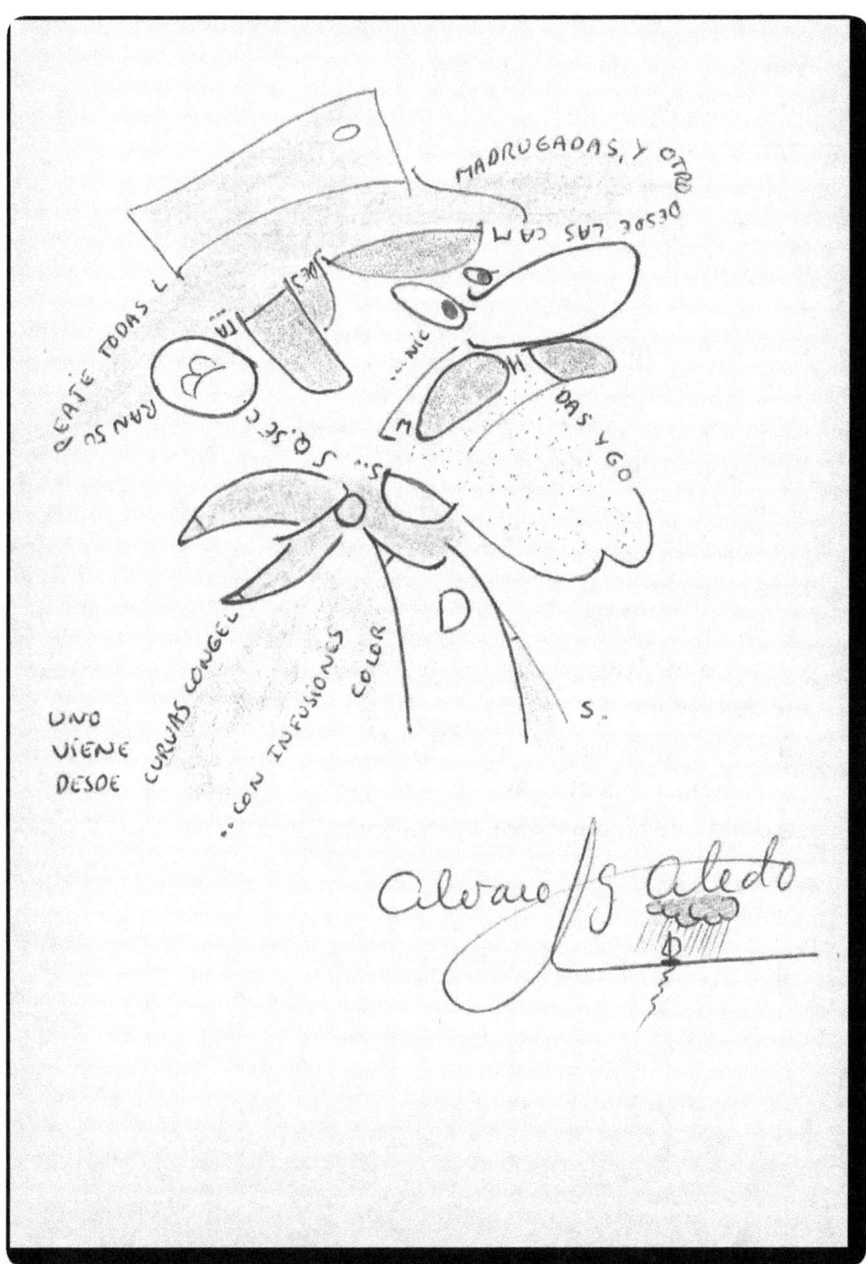

MADRUGADAS, Y OTRO
DESDE LAS CAM
DAS Y GO
REATÉ TODAS L
UNO
VIENE
DESDE
CURVAS CONGEL
...CON INFUSIONES
COLOR

¿QUÉ ME DICE ESA CHICA DELGADA DE LA FOTO…

¿Qué me dice esa chica delgada de la foto
de cuando yo no era ni siquiera un proyecto,
una vida después, cuando todo se ha roto,
asomada al abismo al final del gran trayecto?

Sentada en el poyete de piedra del Marítimo
todo era bonito, optimista y legítimo,
cuando ensombrecían la luz de Santander
el rostro y la sonrisa de esa hermosa mujer.

Ahora esa chica tiene más de setenta años
y se enfrenta con miedo a los últimos peldaños,
y a pesar de su santa y devota certidumbre
hay algo que perturba su débil mansedumbre.

Siento rondar su cama como un miedo laico
que no ahuyenta ni el cura con su rezo prosaico.
¡Cuánto me apena, cuánto me hace llorar
no encontrar yo la fe que le pueda ayudar!.

Como papel de fumar frágil, desmejorada,
se nos marcha mamá con La Malhumorada,
dejando de la chica joven de la bahía
un recuerdo imborrable y una fotografía.

Espero que algún día la encuentre por ahí
y me devuelva el último beso que le di.

CATORCE DÍAS

Se fue catorce días
antes del cumpleaños,
¡qué catorce días
tan extraños!.
No estuvo entre la raíz
de los castaños,
ni debajo de la yerba
donde pacen los rebaños,
pero tampoco en casa
como otros años.

No se le vio en el portal
ni en los pasillos del instituto,
y hasta por el hospital
se echó en falta el cuerpo enjuto
del chaval.
¡Qué raro ver tanto luto!.

No se le vio en la parada
del bus, ni en la biblioteca,
ni asomado a la ventana
con un suero en la muñeca
en una tarde holgazana,
ni guisando en la cocina
lo que Ana no imagina...
¡Qué raro, ni en la cocina!.

No se le vio a por el pan
ni la prensa deportiva.
Pero en su barrio parece
que hay una sombra furtiva
que anda bajo el alquitrán
de la calle por donde iba,
y que al verte palidece,
huye... y desaparece.

¿Dentro de algún portal
o detrás de alguna esquina
nos sorprenderá la sombra
del de la ciclosporina?.
"Temo que no"
es lo que por el barrio
más he oído yo.

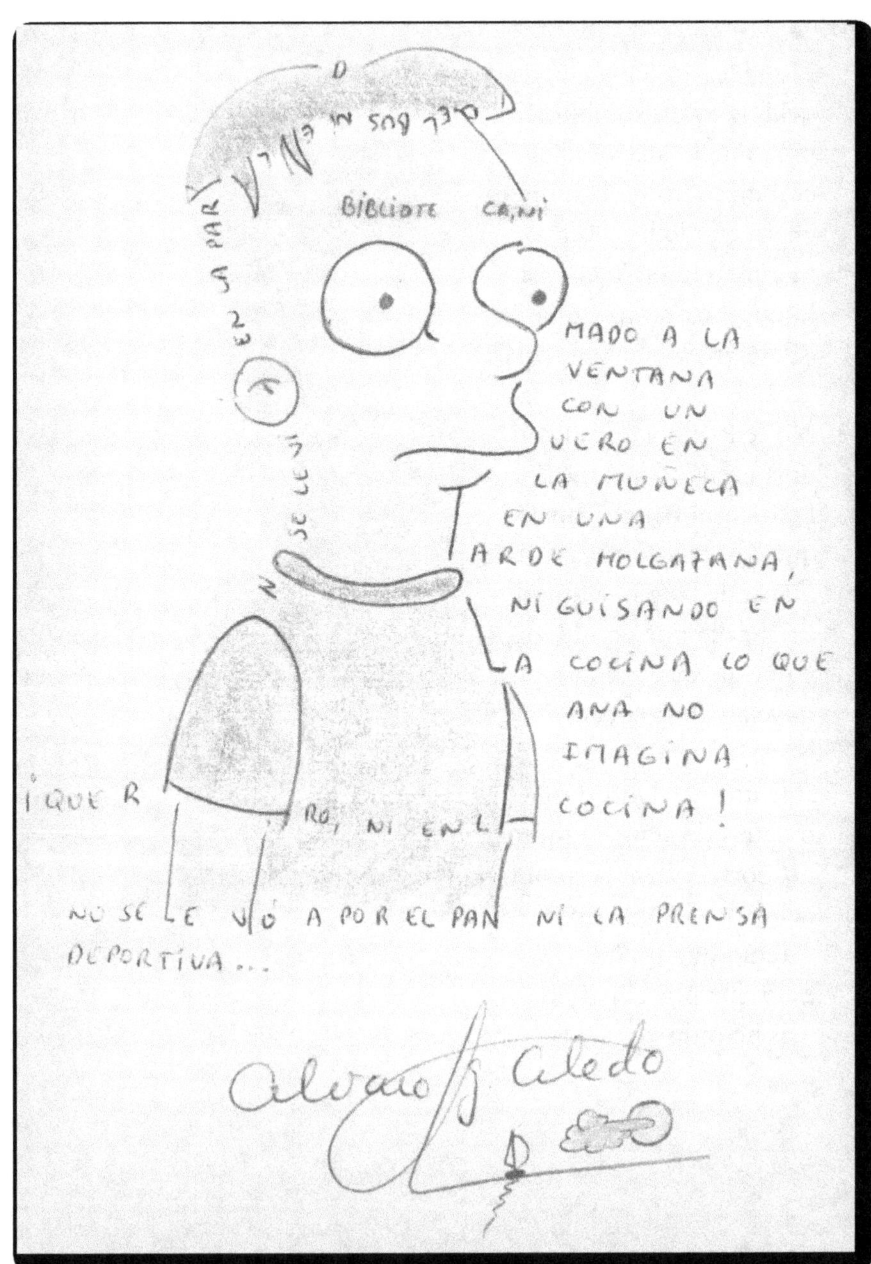
EN LA PAR
SE LE VI
BIBLIOTE CA,NI
MADO A LA
VENTANA
CON UN
UERO EN
LA MUÑECA
EN UNA
ARDE HOLGAZANA,
NI GUISANDO EN
A COCINA LO QUE
ANA NO
IMAGINA
COCINA !
¡QUE R
RO, NI EN L
NO SE LE VIÓ A POR EL PAN NI LA PRENSA
DEPORTIVA...

EL CHAVAL DE LA CICLOSPORINA GOLPEA MI PUERTA

El chaval de la ciclosporina golpea mi puerta,
y su golpe atraviesa mi alma, la agita y despierta.

El chaval de la ciclosporina quedamente ha venido,
arropado en suspiros helados, sin nada de ruido.

El chaval de la ciclosporina al mirar interroga,
tiene una triste mirada, profunda, que ahoga.

Todo en él es un signo negrísimo de interrogación
cuando estoy agarrado al fonendo, o agarrado al timón.

Me pregunta el sentido de aquellos crueles avatares,
de todos aquellos dolores finiseculares,

y de todas las veces que un poco de esperanza le dimos,
¡cómo decirle lo poco con que los adultos nos redimimos!.

El chaval de la ciclosporina viene de lejos
preguntando lo que no responden los sabios más viejos,

con esa mirada tan triste, tan honda y profunda,
tan lánguida, y tan desesperadamente moribunda.

Su llegada no fue, la verdad, tan sorpresiva,
suelo esperar la visita tenaz y furtiva

de los que adelantan el viaje a la otra comarca
aviesa y zafiamente llevados por La Parca.

Suele ser una visita desgarradora,
de las de maldecir el sitio y la hora,

de las de no recordar los ojos ni la cara,
ni lo que se dijera ni se insinuara.

Así me vino un día Jesús, el de la moto,
ese de la sonrisa dulce de la foto,

haciéndome preguntas desde la estantería
desde la que su foto me hace compañía.

Y vino como Jorge, venga a preguntar
lo que ni yo ni nadie consigue contestar,

por más que hilvanando frases y palabras
nos salgan veinte o treinta de estas rimas macabras.

Por eso cuando ayer oí un golpe en la puerta
(ese que espabiló mi alma medio muerta),

y vi en Jorge las mismas interrogaciones
que me hizo Jesús en otras ocasiones,

le pasé sin decir esta boca es mía
a sentarse a mi lado bajo la estantería.

Y allí, en un silencio de fotografía,
con la ausencia de Jesús, de Jorge, y con la mía,

para no contestar nada hemos hecho esta poesía:
para no contestar nada y hacernos compañía.

QUE SU FOTO...
DE LA SONRISA
DULCE DE LA FOTO...
HACIÉNDOME PREG
ASÍ ME VINO UN DÍA JE
HACE COMPAÑ
Y VINO COMO JORGE, VENGA A PREGUNTAR
LO QUE NI YO NI DE CONSI-
GUE CONTESTAR, POR MÁS QUE HILVANANDO
FRASES Y PALABRAS NOS SALGAN VEINTE O
TREINTA DE ESTAS RIMAS MACABRAS.
Álvaro G. Aledo

CUANDO DENTRO
DE UNOS AÑOS...

Cuando, dentro de unos años, un domingo te despiertes
y se hayan hecho hombres los bebés que ahora diviertes,

y las muecas infantiles que ahora ves en la consulta
sean los guiños seductores de una chica casi adulta,

y nos falten nuestros padres, y nos falte algún amigo,
y te hayas olvidado de estas cosas que te digo...

cuando dentro de unos años quieras ver este momento,
estos meses dolorosos que viviste sin aliento,

saca estos papeles arrugados del baúl
uno de esos mediodías perezoso y gandul.

Échate en el sofá más cómodo de casa,
que mientras el olvido dulcemente se te pasa

vas a ver levantarse al de la amplia sonrisa
de esta sábana escrita con cariño y sin prisa.

Vas a ver acercarse al de la ciclosporina
luciendo, como siempre, su sonrisa genuina,

como si lo que sufrió no lo hubiera sufrido,
y los años pasados no hubieran transcurrido.

Y vendrá a abrazar a una joven contenta,
no a una mujer hundida, acabada a los cincuenta,

a la misma chica serena y sonriente
de la que se despidió precipitadamente,

de la que aprendió a no perder la sonrisa
ni cuando La Parca le llevaba con prisa.

Porque ese chico valiente va a venir a una cita
con una madre joven, serena, sibarita,

una mujer que saca fuerzas de la flaqueza...
y que va a ser capaz de vencer a la tristeza.

Esa es la mujer para la que escribo esto,
la que no debe cambiar bajo ningún pretexto,

la que debe seguir fuerte y atractiva
cuando le venga Jorge de lo que yo le escriba.

VENTA, NO A UNA MUJER MUNDIDA, ACABADA A LOS CINCUENTA, A LA MISM
SERENÍSOS
VEN CONTENTA
A UNA
Y VENDRÁ A ABRAZ
PLD LO
RECIPITADAMENTE,
DE LA QUE APRENDIÓ
NO PERDER LA
SONRISA NI CUANDO LA PARCA LE
LLEVABA CON PRISA.
Alvaro g. Aledo

DESPEDIRSE

¿Por qué es tan doloroso
de pronto descubrir
el otro significado
el verbo despedir?

No es esa despedida
de estación,
ella deshecha en lágrimas
de emoción,
la que se disimula
dentro del corazón
con los recuerdos
de un edredón,
con una copa
y una canción...
la que se soluciona
con un viaje de avión.

No es la del que se marcha
a un campo de batalla
y una risa joven
de mujer calla;
ni la del marinero
que lejos de su playa
en una isla extraña

su barco encalla;
y no es ni siquiera
la del que se desmaya
y muchos años después
sigue sin cruzar la raya:
porque puedes decidir
si tirar o no la toalla.

No es la del astronauta,
ni la del refugiado,
ni la del guerrillero,
ni la del condenado,
ni la del navegante,
ni la del demenciado,
ni la del buen amigo
que nos ha traicionado,
y no es ni siquiera
la del amor dorado
cuando al pasar el tiempo
nos ha decepcionado.

Es la de La Parca
en su caja de pino
llevándose a Pilar
a su destino,
gozando de lo lento
del camino.

NI LA DEL MARINERO QUE LEJOS DE SU PLAY EN UNA ISLA EXTRA-ÑA SU BARCO ENCA-LLA, Y
NO ES NI SIQUIERA L- DEL QUE SE DESMAYA Y MUCHOS AÑOS DESPUÉ SIGUE SI ...GUERRA
ORQUE PUEDES DECIDIR SI TI-OALLA. NO ES LA DEL ASTRONAUTA, NI LA DEL
REFUGIADO, NI LA DEL GUERRILLERO, NI LA DEL CONDENADO, NI LA DEL NAVEGANTE, NI LA DEL DEMENCIADO, NI LA DEL BUEN AMIGO QUE NOS HA TRAICIONADO, Y NO ES NI SIQUIERA LA DEL AMOR DORADO CUAN-DO AL PASAR EL TIEMPO NOS HA DECEPCIO-NADO.

YA LO SÉ QUE TU INFANCIA NO IBA SIENDO…

Ya lo sé que tu infancia no iba siendo
ni feliz ni chiripitifláutica;
era tanta inyección, tanto fonendo,
tanta transfusión para este año horrendo
y tan poca la fuerza de la náutica!

¿Cómo poder más que tanta medicina
(por un rincón pequeño de tu infancia)
con mi barco de vela de resina,
más que el miedo dentro de la ambulancia
con mi fueraborda de gasolina?

Se te ha llevado La Cariacontecida
sin enternecerse ni por tus pelucas,
ni por la gasa que cubría tu herida
ni por la fragilidad de tus patucas,
robándonos tardes en la mar tendida,
años de juventud y anillos de pedida.

En un cielo profundo de mar de fondo
más allá de esa hermosa nube blanca,
sobre mi cabeza virando por redondo,
oteando el mar con tu mirada franca,

amollando la escota, tomando un rizo,
y lejos del hospital... te inmortalizo.

Y dentro de unos años minifaldera
te sentiré cuando por la albufera
vague con mis grumetes todavía
presintiendo tu larga cabellera,
tu dolor olvidado, tu cercanía,
y hasta oliendo tu ropa y tu polvera.

Porque aunque te venciera La Que Baja El Telón
estarás con nosotros en la navegación.

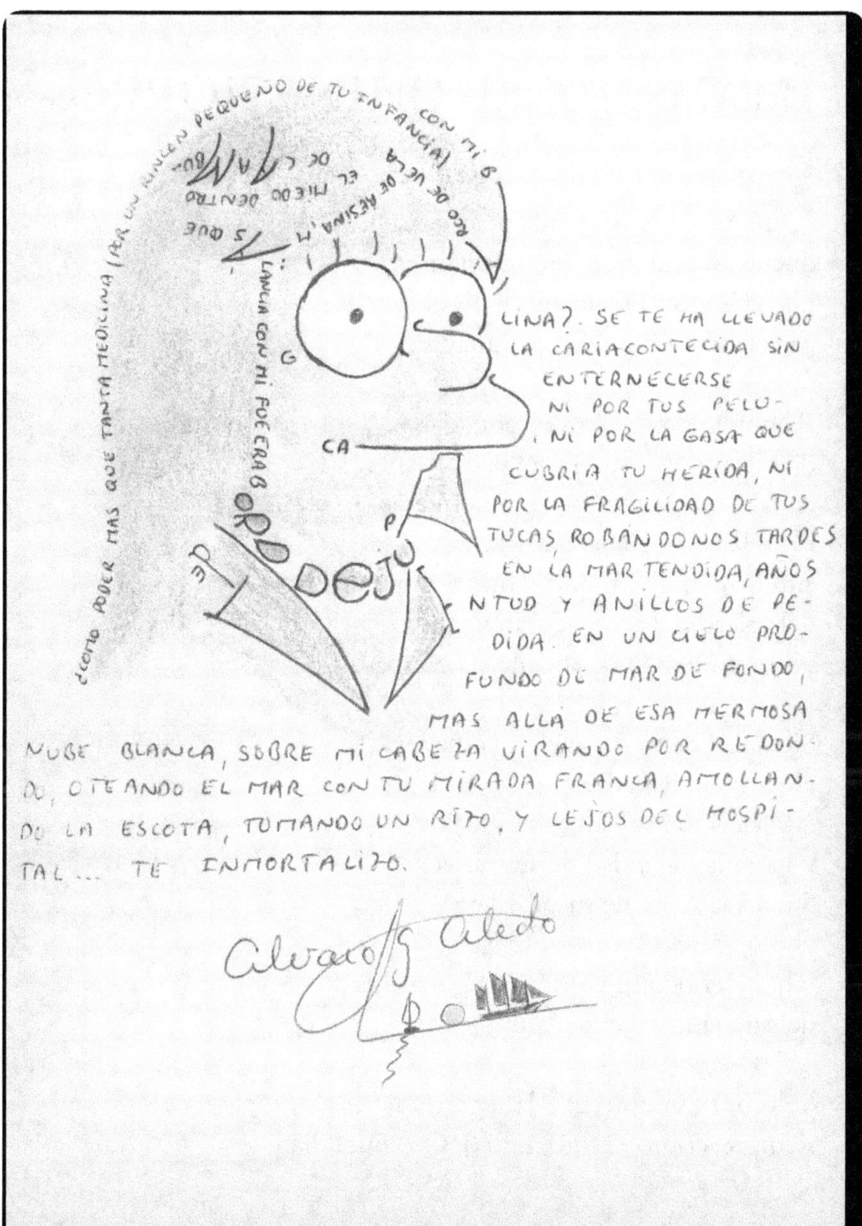
PEQUEÑO DE TU INFANCIA) CON MI 6
EL MIEDO DENTRO DE CT/N BU
REO DE VELA DE ASESINA 'N
¿QUE
LIMPIA CON MI FUE ERA B
¿COMO PODER MAS QUE TANTA MEDICINA (POR UN RINCON
RP DEJU
LINA?. SE TE HA LLEVADO
LA CARIACONTECIDA SIN
ENTERNECERSE
NI POR TUS PELU-
, NI POR LA GASA QUE
CUBRIA TU HERIDA, NI
POR LA FRAGILIDAD DE TUS
TUCAS, ROBANDONOS TARDES
EN LA MAR TENDIDA, AÑOS
NTUD Y ANILLOS DE PE-
DIDA. EN UN CIELO PRO-
FUNDO DE MAR DE FONDO,
MAS ALLA DE ESA HERMOSA
NUBE BLANCA, SOBRE MI CABEZA VIRANDO POR REDON-
DO, OTEANDO EL MAR CON TU MIRADA FRANCA, AMOLLAN-
DO LA ESCOTA, TOMANDO UN RIZO, Y LEJOS DEL HOSPI-
TAL... TE INMORTALIZO.
Alvaro G Aledo

MAMÁ EN EL CHINCHORRO

¿Qué me dice esta linda madmuaselle,
dueña de una juventud insultante,
que abandonó las chanclas en el muelle
para saltar al bote con su amante?

Rebonita de muslo, de cadera,
de ojos rasgados, de cuello, de tirante,
de labios calientes y perfecta hilera,
la de la caña, guapa navegante,
aún hoy sonríe al que tomó el retrato
del tolete, del remo, del bramante,
sobre un lienzo de muelle y de zapato.

Siento el tacto del pie en la madera,
el roce del bañador bajo su falda,
la caricia del sol sobre su espalda
y hasta la liviandad de su pulsera.
Siento la cinta de su cabellera,
el olor de esa lejana primavera,
y hasta el oculto color de la guirnalda
del sujetador, y el de la trainera.

Solo por esta foto gris la seguiría
siempre, como el fotógrafo desde aquel día.

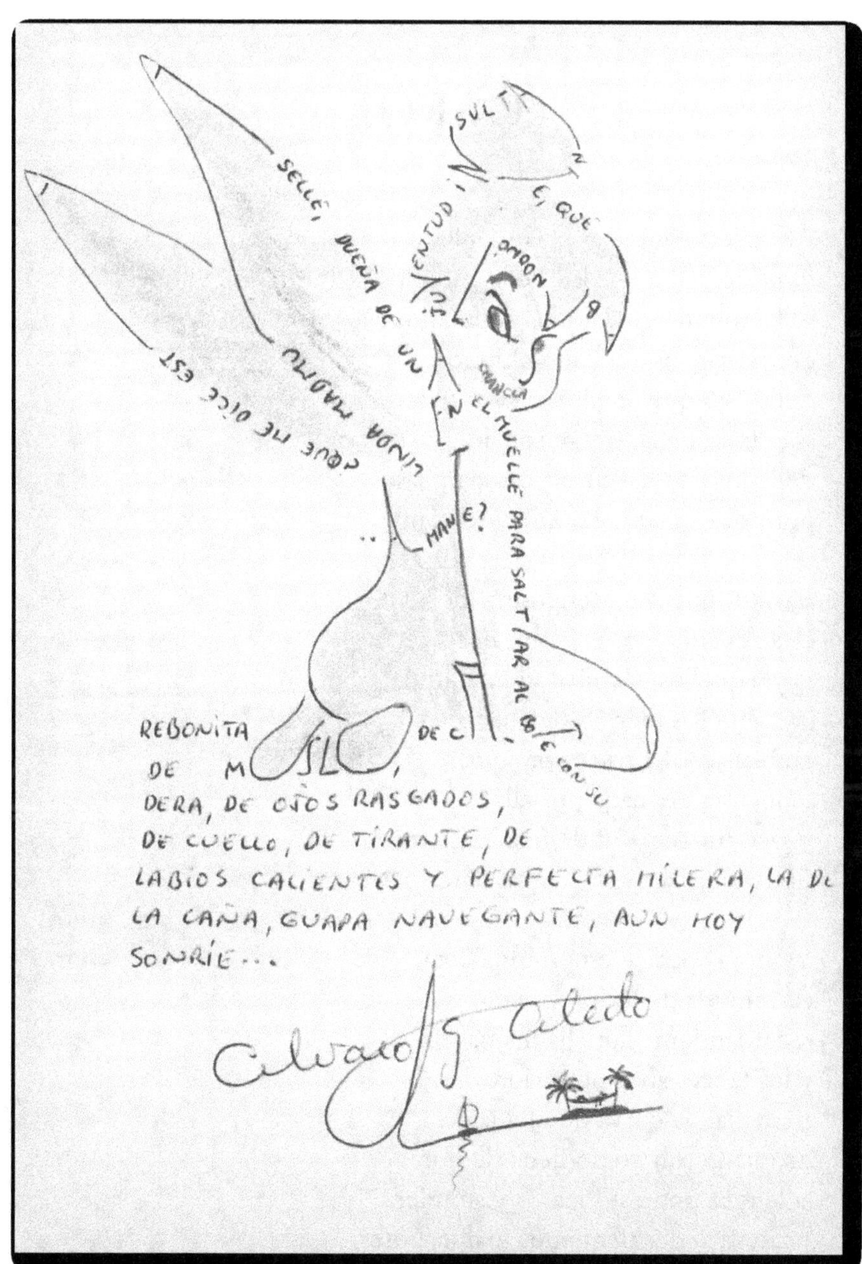
REBONITA DE M...LO DE C...
DE MADERA, DE OJOS RASGADOS,
DE CUELLO, DE TIRANTE, DE
LABIOS CALIENTES Y PERFECTA MILERA, LA DE
LA CAÑA, GUAPA NAVEGANTE, AUN HOY
SONRÍE...

CAROL

Ahora que se me afila la mejilla
y me acerco a la edad de la anquilosis
se ha metido en mi vida otra chiquilla
de risa sana y mirada de hipnosis;
es de esas que te aflojan las rodillas
si te mira de lado y te sonríe,
de las que te hacen oír campanillas
por poco que se acerque y se confíe.

Cuando me mira tengo un "deja vu",
el de cuando conocí a mi hechicera
(¡ay! aquellos pechitos de maniquí,
¡ay! aquellas piernas de chachachá)
embrujada del nada por aquí,
seductora del nada por allá...
y sacó mi corazón de una chistera.
Os hablo, claro está, de mi enfermera.

Y ahora aparece esta minifaldera,
esta tímida de todos los colores,
recordándome aquella primavera
y los felices años posteriores.
¿La vida?, la curva de una cadera,
una falda con vuelo llena de flores,
la lengua entre sus labios y su hilera,
y nuestros dos pequeños malhechores.

Pero no os confundáis, la colibrí
joven y tímida de la que os hablo
esta vez, no señor, no es para mí,
con un poco de suerte es para Pablo.

...PRIM
POSTER
¿LA
LLENA DE FLORES, LA LENGUA
ENTRE SUS LABIOS Y SU HILERA,
Y NUESTROS DOS PEQUEÑOS
MALHECHORES.
Alvaro G. Aledo

YO NO TENGO LA OREJA PERFORADA

Ya lo veis, yo no tengo la oreja perforada
ni encima de mi hombro derecho llevo un loro,
ni un parche en el ojo, tampoco un diente de oro
ni una pata de palo… un garfio… no luzco nada.

A pesar de eso no me asusta la marejada
ni el viento frescachón, ese de fuerza siete
frío como el cristal, que siempre se te mete
por el cuello en invierno corriendo de empopada.

De la misma manera sin ser sepulturero
ni tener el pico o la pala de instrumento,
navego tranquilo en la vida a favor del viento
mirando de frente a mi último fondeadero.

Todo el secreto está en cargar bien los petates,
antes de que nos llegue el tránsito enfermizo,
de amores, amistades, anécdotas, combates,
de millones de recuerdos de oro macizo.

Ellos nos sostendrán las últimas flaquezas
cuando el viaje cabrón que no tiene retorno
nos robe de la vista todas estas bellezas
y nos deje unos huesos como único adorno.

Y aun así nos reiremos de La Ropavejera,
al menos yo pensando en mi chica pinturera.

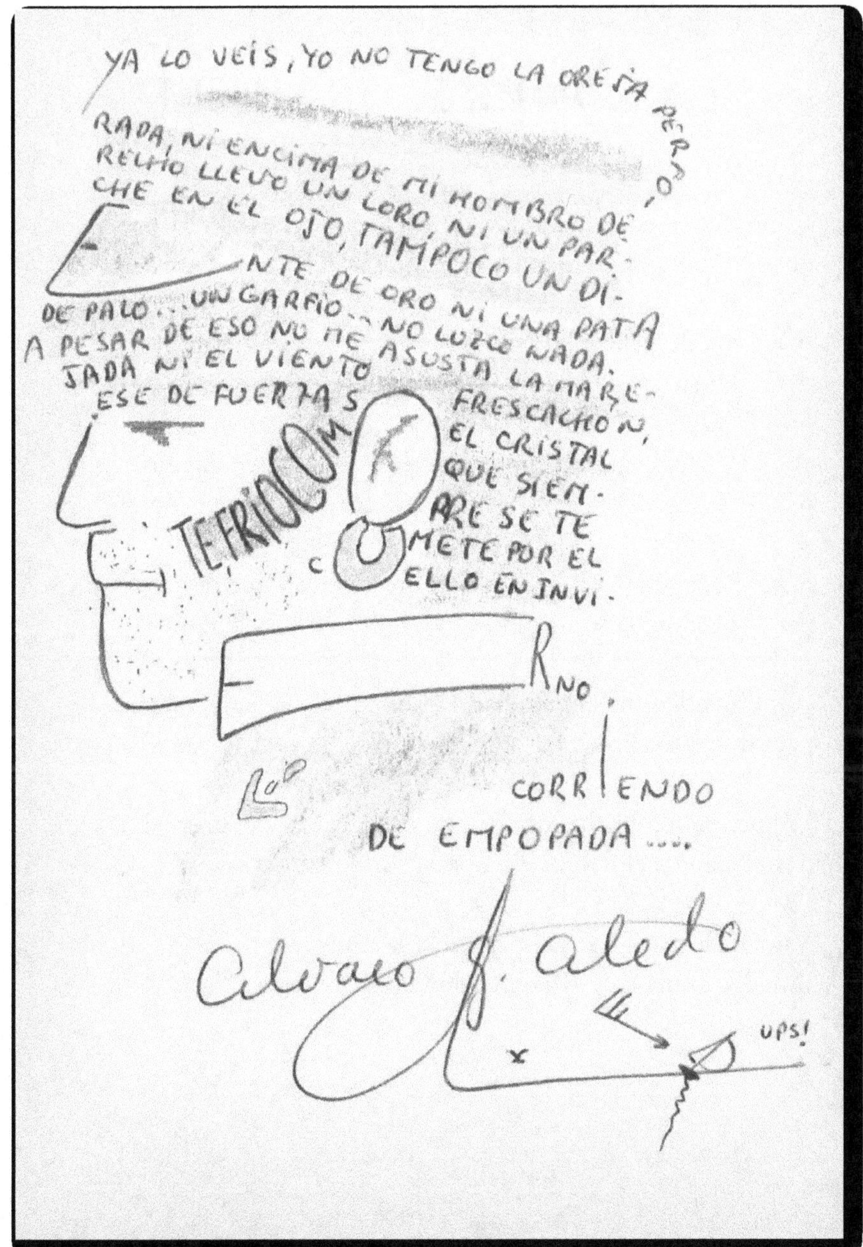
YA LO VEÍS, YO NO TENGO LA OREJA PERFO-
RADA, NI ENCIMA DE MI HOMBRO DE-
RECHO LLEVO UN LORO, NI UN PAR-
CHE EN EL OJO, TAMPOCO UN DI-
ENTE DE ORO NI UNA PATA
DE PALO... UN GARFIO... NO LUZCO NADA.
A PESAR DE ESO NO ME ASUSTA LA MARE-
JADA NI EL VIENTO
ESE DE FUERZAS   FRESCACHÓN,
                     EL CRISTAL
TEFRIOCOM   QUE SIEM-
                    PRE SE TE
          C   METE POR EL
                    ELLO EN IN VI-
                    ERNO.
CORRIENDO
DE EMPOPADA....
UPS!

LA SONRISA DE MIKEL

¿Qué puede hacerle al niño de la calva lucir esa sonrisa
cuando fuera del marco de la foto le acecha La Concisa?

¿Qué puede haberle dicho esa mujer salida del paritorio
para olvidar los citostáticos, las gasas, el reservorio?

¿Cómo habrá sido el primer llanto de ese recién nacido
para que ría Mikel, o su primer eructo, o su primer hipido?

¿Qué puede haber hecho el hombre valeroso que disparó la foto
para que el de la sonrisa no le viera hundido y alirroto?

¿Qué pueden haber estudiado el oncólogo, la enfermera,
para que Mikel besase a su hermano fuera de la pecera?

¿Y qué habremos hecho los que desde fuera del hospital
templábamos el frío que recorría su espina dorsal?

Valor, valor amigos, valor frente a la muerte terca...
mirad la sonrisa de Mikel teniéndola tan cerca.

LA SONRISA DE MIKEL

¿QUÉ
PUEDEN
HABER
ESTUDIADO
EL ONCOLOGO,

...LA ENFERMERA, PARA QUE MIKEL BES SE A SU HERMANO ...DE LA/P eCe ... DE FUERA O LOS QUE DE S... PÁ? ¡Y QUE ÓRRELMOS HECI...

..DE FUE-
RA DEL HOSPI[TAL TEMPLÁBAMOS] EL
FRIO QUE RECO[RR]ÍA SU
ESPINA [DO]RSAL?

VALOR, VALOR AMIGOS, VALOR FRENTE A
LA MUERTE TERCA, MIRAD LA SONRISA DE
MIKEL TENIÉNDOLA TAN CERCA.

Alvaro G. Aledo

Diccionario de términos médicos y náuticos

- **Aboyado:** un barco quieto sobre el mar, que no se mueve nada debido a la ausencia de viento y de corrientes.
- **Albufera:** utilizado aquí como sinónimo de bahía.
- **Amollar:** aflojar la tensión de un cabo.
- **Aparejo**: conjunto de velas y cabos (cuerdas) de un barco de vela.
- **Arenales:** parte de la bahía de Santander que quedan al descubierto en la bajamar, donde se acude a mariscar.
- **Baliza:** boya de señalización en el mar.
- **Bichero:** pieza del barco usada para las maniobras. Es una vara larga con un gancho en el extremo.
- **Borreguitos:** espuma encima de las olas cuando hace mucho viento. Se llama así por el color blanco que adquieren las olas.
- **Botavara:** listón de aluminio que sale perpendicular al palo mayor de un velero y sirve para sujetar el borde inferior de la vela.
- **Bramante:** un tipo de cabo.
- **Cabo:** forma de denominar en un barco a cualquier cuerda.
- **Cacea:** aparejo de pesca que se arrastra por detrás del barco mientras se navega a vela.
- **Caña:** barra con la que se maneja el timón de una embarcación.

* **Ciclosporina:** medicamento usado para evitar el rechazo del trasplante.
* **Citostáticos:** medicamentos usados para tratar el cáncer y la leucemia.
* **Chinchorro:** pequeña embarcación auxiliar de un barco más grande, habitualmente de remos.
* **Delfinera:** banco situado a proa del velero. Se le llama así porque es el mejor lugar para ver a los delfines, que cuando se acercan a un velero suelen nadar a su proa.
* **Dibucarta:** carta cuyas letras hacen la forma de un dibujo. Son como los dibupoemas de este libro pero sin rimar.
* **Driza:** cabo (cuerda) que sirve para izar una vela. Cuando le da el viento choca contra el palo produciendo un sonido característico de los veleros.
* **Empopada:** rumbo del barco recibiendo el viento por la popa.
* **Escota:** cabo (cuerda) con el que se orienta la vela para colocarla de la forma más adecuada al rumbo del velero.
* **Espí o spí:** vela de proa de un velero.
* **Estrías:** grietas en la piel que produce el tratamiento con corticoides que se usa para la leucemia.
* **Farol de queroseno:** pequeño farol que alumbra con una mecha embebida en queroseno u otra sustancia inflamable. Se sigue usando en los barcos para no consumir electricidad de la batería.
* **Fondeadero:** lugar de fondeo.
* **Fondeo:** situación de dejar el barco parado sobre el fondo afianzado con su ancla.

* **Fonendo:** fonendoscopio, instrumento típico de la medicina para escuchar los sonidos normales o patológicos del interior del cuerpo humano.
* **Grumete:** aprendiz de marinero.
* **Guadralpeo:** sonido de las velas al ser movidas por el viento.
* **Hipermetropía:** defecto visual que necesita gafas, típico de los niños y que les da aspecto de intelectual y les hace los ojos más grandes.
* **Jarcia:** conjunto de cabos (cuerdas) y cables que sujetan el palo o las velas.
* **La canal:** parte de la bahía de Santander dragada a más profundidad para que puedan entrar los mercantes.
* **Leucemia:** cáncer de los leucocitos de la sangre.
* **Mar de fondo:** sinónimo de mar tendida.
* **Mar tendida:** superficie del mar con olas grandes pero de pendiente suave, que no rompen, y sobre las que se navega sin ningún riesgo subiendo y bajando.
* **Marejada:** mar cubierto de olas provocado por un viento fuerte.
* **Mouro:** isla situada en la entrada de la bahía de Santander.
* **Neumática:** pequeña embarcación inflable que se usa para embarcar y desembarcar en la costa cuando el velero no puede acercarse más.
* **Nordestada:** viento del Nordeste con características muy violentas.
* **Nordeste:** el viento típico de Santander en verano.
* **Paipo- esquí:** esquí acuático con una tabla de surf o de paipo.

* **Pecera:** es la sala de aislamiento donde mantienen a los niños durante el tratamiento inmunosupresor, para que no adquieran infecciones. Se la llama así coloquialmente porque tiene las paredes de cristal.
* **Peroné:** hueso de la pierna. A veces el primer síntoma de una leucemia es un dolor en los huesos.
* **Petate:** saco marinero de llevar la ropa y efectos personales.
* **Prácticos:** marineros que conocen muy bien las características de un puerto y que deben embarcar obligatoriamente en cada barco que accede para llevarle hasta su amarre.
* **Proa:** parte de delante de un velero (la de atrás es la popa).
* **Prozac:** fármaco antidepresivo.
* **Puerto Chico:** el puerto pesquero y deportivo de Santander.
* **Quimio (quimioterapia):** tratamiento habitual de los cánceres y leucemias.
* **Quisquilla:** pequeño crustáceo comestible.
* **Recalada:** llegada del velero al puerto o lugar de destino.
* **Reservorio:** ampolla que se inserta debajo de la piel al inicio de la quimioterapia, conectada a una vena, para inyectar allí los medicamentos y no tener que canalizar una vena nueva en cada sesión de tratamiento.
* **Resina:** resina de poliéster, material del que están hechos los barcos actuales en lugar de madera.
* **Rizo:** plegamiento de la vela para que tenga menos superficie y haga inclinar menos al velero cuando aumenta la fuerza del viento.

* **Sextante:** instrumento de navegación que sirve para calcular la posición de un barco en el Océano, cuando no está a la vista de la costa, por la posición del sol, la luna o las estrellas.
* **Spí o espí:** vela de proa de un velero.
* **Tergal:** sinónimo de vela, porque las antiguas se hacían de este material.
* **Titulín:** la titulación náutica más básica en España.
* **Toallitas del acné:** toallitas impregnadas en un medicamento, normalmente un antibiótico, para tratar el acné.
* **Tolete:** pequeña pieza vertical de madera en la que se sujeta el remo.
* **Trainera:** utilizado aquí como sinónimo de chinchorro.
* **Trasluchar:** cambiar el rumbo de un velero cogiendo en viento por la popa y cambiando las velas de golpe de un lado al otro.
* **Trimado/trimar las velas:** forma de adecuar su tensión y su orientación al rumbo que quiere seguir el velero.
* **Viento frescachón o de fuerza siete:** viento violento (en una escala de fuerza 0 hasta fuerza 12).
* **Virar por redondo:** sinónimo de "trasluchar".
* **Zodiac:** nombre de una neumática.